DIE PLÄNE DES HIMMELS FREISETZEN

EMPFEHLUNGEN

In „Die Pläne des Himmels freisetzen“ spricht Mary Lu Konkel von einem Thema, das in jedem Herzen brennen sollte. Sie behandelt grundlegende Prinzipien, die dich in die Lage versetzen, mit Gott zusammenzuarbeiten und Transformation in deinem Leben, deiner Stadt und sogar in deinem Land zu bewirken. Wenn du den Willen des Vaters auf Erden verwirklicht sehen willst, dann fange an, die sieben Schlüssel, die in diesem Buch erläutert werden, anzuwenden. Dann werden die Blaupausen des Himmels auf Erden in dir freigesetzt.

DR. CHE AHN
Hauptpastor, HROCK Church, Pasadena, Kalifornien
Vorsitzender, Harvest International Ministry

Ich danke dem Herrn oft für die Werke der Gnade, die aus der Bethel Church in Redding, Kalifornien hervorgehen. Hinter jeder Welle und Bewegung Gottes stehen Menschen, die den Himmel zuvor durch Fürbitte bewegt und Geheimnisse freigesetzt haben. Mary Lu Konkel ist eine dieser erfahrenen und ausgebildeten Fürbitter. Du wirst durch ihr Buch „Die Pläne des Himmels freisetzen“ gesegnet und von ihrer Erfahrung und Erkenntnis profitieren.

LOU ENGLE
Gründer von The Call, Bound4Life und The Justice House of Prayer

Wie erleben wir eine Heimsuchung Gottes? Durch Gebet. Mary Lu Konkels geniales Buch „Die Pläne des Himmels freisetzen“ beschreibt die Wiedergeburt des vollmächtigen Gebets in unserer heutigen Zeit. Auf jeder Seite findet man Fingerabdrücke und Schatten erfahrener Meister der Fürbitte. Sie ermutigen uns, unser eigenes Land zu betreten und daraus einen fruchtbaren Weinberg zu gestalten, indem wir es „räumen, reinigen, aussäen und segnen“.

Mary Lu schöpft aus einem tiefen Schatz an persönlichen Erfahrungen, Zeugnissen und Einsichten und wird dir dabei helfen, deine geistlichen Gaben zu starken, prophetischen Werkzeugen zu machen. Das Buch „Die Pläne des Himmels freisetzen“ wird dich befähigen! Du wirst dafür bekannt werden, dass du alles reparieren kannst, alte Ruinen wiederherstellst, erneuerst, sanierst und deine Umgebung wieder lebenswert machst.

Sie schreibt: „Wir stellten uns unsere Stadt als wunderschönen Garten vor. Wir haben das Land im Geist eingenommen. Wir räumten den Boden auf, entfernten alle Stöcke, Steine und Wurzeln und bereiteten ihn für die Saat vor.“

„Die Pläne des Himmels freisetzen“ ist eine herrliche, fröhliche Gebetserhörung in gedruckter Form. Ja, das Buch selbst ist ein wunderschöner Garten. Du wirst darin lernen, wie deine Gebete erhört werden!

BONNIE CHAVDA
Watch of the Lord
Chavda Ministries International

„Die Pläne des Himmels freisetzen" wird dir himmlische Schlüssel zur Transformation deiner Stadt zur Verfügung stellen. Ich habe es selber beobachtet, wie mächtig prophetische Fürbitte in Verbindung mit Evangelisation ist, als Mary Lu und ihr Team für einen Nachtclub in Redding, Kalifornien gebetet haben. Viele übergaben ihr Leben Jesus und wurden geheilt. Schließlich schloss die Stadt das Lokal, und ich bin überzeugt, dass es wegen der Fürbittegebete von Mary Lu und ihrem Team geschah. Wenn du deiner Stadt in einer tiefen, effektiven Art und Weise dienen möchtest, empfehle ich dir dieses Buch sehr.

CHRIS OVERSTREET
Outreach Pastor, Bethel Church und „Bethel School of Supernatural Ministry" in Redding, Kalifornien

Mary Lu Konkel hat im Hause des Herrn seit Jahren treu gedient. Sie verbreitet Freude, überall wohin sie kommt, und leitet schon jahrelang den Gebets- und Fürbittedienst in unserer Gemeinde. Sie schreibt mit einer einzigartigen Einsicht zu diesem Thema. „Die Pläne des Himmels freisetzen" wird dich segnen, und du wirst von den Erfahrungen der Autorin profitieren, die sie durch ihr Gebet für die Transformation von Städten gemacht hat.

SHERI SILK
Family Life Pastor von Bethel Church, Redding, Kalifornien
Autorin von „The Chicken Coop Kid", „Shorts in the Snow" und „One of Those Days"

„Die Pläne des Himmels freisetzen" ist selbst eine Blaupause für die Veränderung der Welt. Dieses praktische Buch bietet dir konkrete Strategien zur Veränderung deiner Umgebung und deines Einflussbereichs. Du wirst herauslesen, wie deine Deklarationen mithilfe von kreativen Taktiken der Fürbitte jede Umgebung transformieren kann. Fürbitte ist keine Gabe, sondern eine Verantwortung für jeden Gläubigen, als Teil des königlichen Priestertums, den Himmel ihren Mitmenschen hier auf Erden zu vermitteln. Mary Lu hat in den Jahren seit ich sie kenne, durch ihre Erfahrungen in der Fürbitte eine Königskultur kultiviert, und sie praktiziert die Schlüsselwerte dieser Kultur im Alltag. Ich beginne nie eine Missionsreise ohne zuvor die Fürbitter einzuspannen. Sie öffnen die geistliche Umgebung vorab, damit ich meinen Dienst effektiv tun kann. Wenn du ein Erweckungsprediger sein willst, der die Welt verändert, dann ist dieses Buch für dich.

KEVIN DEDMON
Autor von mehreren Büchern
Lehrer an der School of Supernatural Ministry in der Bethel Church

Es ist mir ein großes Vorrecht, Mary Lu Konkels Buch „Die Pläne des Himmels freisetzen" empfehlen zu dürfen. Sie schreibt einen deutlichen und zugleich durchsetzungsstarken Bericht ihres Dienstes als Fürbitterin und ist die „Gebetskriegerin vor Ort" in ihrer Umgebung. Sie behauptet, jeder kann verständig und mit flammenwerfendem Glauben für seine eigene Umgebung beten. Leider sehen das nur wenige Christen als eine deutliche Berufung, obwohl Gott eine neue Erweckung in der Gemeinde bewirken will. Solche Erweckungen sind immer auf

Buße und nachhaltigem Gebet gegründet. Die Art von Gebet, für die sich Mary Lu einsetzt, wünscht sich nicht einfach die Erweckung herbei. Sie legt die Basis dafür.

Dafür ist es schließlich wichtig zu verstehen, dass jeder diese Art von Gebet lernen kann und jeder dazu berufen ist. Mary Lu führt uns dort hinein.

JIM WILSON
Priester der Anglican Communion
Vorsitzender von Pray NorthState
Koordinator des California Governor's Prayer Teams

DIE PLÄNE DES HIMMELS FREISETZEN

VON

MARY LU KONKEL

IMPRESSUM

Originally published in English under the title:
„Releasing Heaven's Blueprint: Transformation Through Prophetic Intercession"
published by Double Portion Publishing
www.doubleportionpublishing.com

Deutsche Ausgabe:

Marienburger Str. 3
71665 Vaihingen/Enz
eMail: verlag@grain-press.de
Internet: www.grain-press.de

Übersetzung aus dem Englischen: Tim Thomas
Satz: Grain-Press
Cover design: Matt Van Gorkom
Cover: Grain-Press, Adaption der Originalvorlage.
Druck: CPI

Bibelzitate sind, falls nicht anders angegeben, der Schlachter Bibel 2000 entnommen.
Das Buch folgt den Regeln der Deutschen Rechtschreibreform. Die Bibelzitate wurden diesen Rechtschreibregeln angepasst.

ISBN 978-3-944 794-51-8
(Amerikanische Originalausgabe: ISBN 978-0-9914829-1-7)

WIDMUNG UND DANKSAGUNG

An

meinen himmlischen Vater: Danke…

dass du die Saat für dieses Buch

in mein Herz gesät hast.

Jesus: Danke…

dass du mein bester Freund bist und

den Samen für dieses Buch

mit deiner Liebe bewässert und genährt hast.

den Heiligen Geist: Danke…

dass du eine ständige Quelle der Weisheit und
mein Ermutiger warst,

während der bewässerte Samen heranwuchs und

zu einem wunderschönen, mächtigen Buch wurde.

Danke noch mal

von ganzem Herzen.

HERRLICHE ERINNERUNG

Ruby, du hast die Hand Jesu ergriffen
und nie losgelassen.

Deine unauslöschliche Liebe und Hingabe
zu ihm strahlte und floss über,
und viele wurden dadurch zu ihm gezogen.

Du sahst nach hinten und nahmst meine Hand,
und gemeinsam sind wir mit Jesus gegangen.

Ich bin traurig, dass du vor mir gegangen bist.
Ich bin ewig dankbar für die Schätze,
die du ausgeschüttet und zurückgelassen hast.

Ich liebe dich, Ruby

Mary Lu

Die Liebe wird niemals aufhören. (1 Kor 13,8)

VORWORT VON BENI JOHNSON

Mose sandte zwölf Kundschafter in ein Land, in dem Milch und Honig floss. Er sagte ihnen genau, wonach sie Ausschau halten sollten. In 4. Mose 13 heißt es, dass sie das Land erkunden und feststellen sollten, ob das Volk stark oder schwach, gering oder zahlreich war. Ferner sollten sie erfahren, ob das Land gut oder schlecht war, ob die Menschen in offenen Siedlungen oder befestigten Städten wohnten, ob das Land fett oder mager war und ob es darin Bäume gab oder nicht. Sie kamen zurück und berichteten Mose, dass in dem Land tatsächlich Milch und Honig floss. Mose hatte nun genug Informationen, um die Kinder Israels in das Land der Fülle zu führen, damit sie es einnehmen. Das ist „geistliche Zuordnung"* vom Feinsten.

Vierzig Jahre später führte Josua das Volk Israel in ein Land, um es im Geist einzunehmen. Ihre Reise war der größte Gebetsspaziergang aller Zeiten. Gott gab ihnen während der ganzen Reise die Übernahmepläne (Blaupausen).

Josua kannte die Gegenwart Gottes. Er hatte sie kennengelernt, als er mit Mose zur Stiftshütte ging. In 2. Mose 33,11 steht, dass Mose wieder ins Lager zurückkehrte, aber Josua nicht aus dem Inneren des Zeltes (Gottes Gegenwart) wich. Mose brachte Josua das Wichtigste bei, was ein göttlicher Leiter lernen musste: die Gegenwart Gottes zu kennen. Daher war Josua bereit, als der Herr zu ihm sprach. Aus seiner Beziehung zu Gott heraus, wusste Josua, dass er ihn führen würde. Der erste Schlüssel, der in diesem Buch beschrieben wird, heißt „Der geheime Ort". Wenn du noch keinen geheimen Ort gefunden hast, dann sollst du hier beginnen, denn wenn du keinen geheimen Ort hast, wirst du nicht sehr weit kommen.

Der allererste Übernahmeplan war: Jericho einnehmen. Was war das für ein Plan! – Die Übernahme einer befestigten Stadt. Gottes Plan war sehr detailliert: sieben Tage lang marschieren, sieben Priester, sieben Schofarhörner, und am siebenten Tag würde ein lautes Kriegsgeschrei die Mauern der mächtigen Stadt zum Einstürzen bringen. Die Bibel ist voll solcher Geschichten. Gott hat das gleiche für uns vorgesehen – im Sieg zu wandeln und das einzunehmen, was uns rechtmäßig gehört.

„Die Pläne des Himmels freisetzen: Transformation durch prophetische Fürbitte" führt dich Schritt für Schritt durch den Prozess der Transformation deines persönlichen Lebens, deiner Stadt und sogar deines Landes.

Menschen fragen mich manchmal, „Wie kann ich Veränderung in meiner Stadt bewirken? Was kann ich tun?" Als Antwort liefere ich ihnen keinen Plan, sondern ermutige sie, vor den Herrn zu treten und ihn nach seinem Plan zu fragen. Wenn ich solche Geschichten wie die von Josua lese, merke ich, dass der Herr nicht jedes Mal genau gleich handelt. Viele von uns hätten gerne eine Formel.

Doch ich glaube, Gott handelt weniger durch Formeln, sondern viel öfter durch Prinzipien.

Das vorliegende Buch bietet uns solche Prinzipien, keine Formeln. Wenn du sie anwendest, wirst du mit Gott am kreativsten sein. Gott nutzt unsere Persönlichkeiten, und wenn er seinen Schöpfergeist in uns hineinlegt, sind wir zusammen ein unschlagbares Team.

Lass also das Abenteuer beginnen. Schaue auf ihn und empfange das, was du brauchst, um deine Welt zu transformieren.

BENI JOHNSON

Autorin von „Der glückliche Fürbitter"
Bethel Church Redding, Kalifornien

*Geistliche Zuordnung bedeutet, dass man eine Stadt recherchiert, um ihre Geschichte zu erfahren.

INHALTSVERZEICHNIS

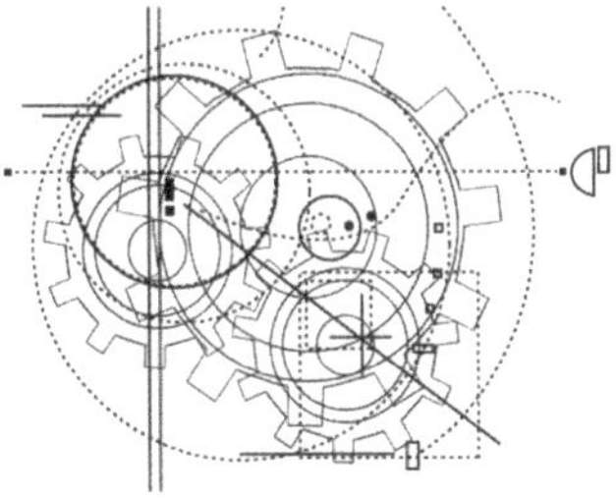

EINLEITUNG

Heute habe ich wunderbare Neuigkeiten für dich. In einer Zeit, in der es überall zerrüttete Kommunen und geistlich verarmte Städte gibt, ist Gott dabei eine noch nie dagewesene und ermutigende Veränderung auf den Weg zu bringen. Sein Licht strahlt heller und heller und bewirkt diese Veränderung in unserem Leben. Dabei gebraucht er einfache Menschen wie dich und mich, um durch Gebet unsere Städte und Länder zu transformieren. Gebet ist die Grundlage für die Transformation einer Stadt.

Wir haben das Vorrecht und die Ehre, bei dieser Transformation mitzuwirken. Bei mir fing es an, als Gott mir eine tiefe Sehnsucht nach einer positiven Veränderung meiner Stadt ins Herz schenkte. Jetzt gebraucht er mich als Impulsgeber für andere, die zusammenkommen, um für die Transformation unserer Stadt zu beten.

Im 1. Korinther 4,1 steht, wir sind *„Haushalter der Geheimnisse Gottes"*. Ich glaube, Gott hat mir ein Geheimnis offenbart, welches ich gut verwalten möchte, indem ich es anderen weitergebe. Dieses Geheimnis ist eine Sammlung von sieben einfachen Schlüsseln, die sowohl persönliche Veränderung als auch Transformationen von Städten und darüber hinaus herbeiführen. Unser Gebetsteam wendet diese Schlüssel seit sieben Jahren an und hat tiefgreifende Ergebnisse erzielt. Ich möchte dir diese Strategien vorstellen, damit du sie für dich persönlich, für deine Stadt und für dein Land verwenden kannst. Gehe sie in der geschrieben Reihenfolge an, und du wirst heute an der größten Transformation unserer Welt teilhaben. Sie fängt bei dir persönlich an.

MARY LU KONKEL

TEIL I

DER BEGINN EINER TRANSFORMATION

DIE PLÄNE DES HIMMELS FREISETZEN

KAPITEL 1

DER BEGINN EINER TRANSFORMATION

Transformation beginnt bei dir

Im tiefsten Herzen Gottes gibt es eine Sehnsucht, ein Verlangen danach, dass seine Schöpfung verändert und befreit wird und wieder zu ihm heimkehrt. Aus der Schrift geht es klar hervor: Es ist sein tiefster Wunsch, Erweckung in der ganzen Welt zu sehen, die bei allen Menschen Transformation bewirkt. Diese beginnt mit mir und mit dir. Wenn wir den Herrn unser Leben transformieren lassen, werden auch die Menschen um uns herum verändert. Diese Veränderung dehnt sich von uns zu unseren Familien, unseren Freunden, unserer Gemeinde und dann zu unseren Orten und Städten aus. Das hat zur Folge, dass unser Land – und selbst die Nationen der Welt – betroffen und verändert werden. Alles beginnt mit uns.

Warst du schon mal an einem Teich? Wenn man einen kleinen Kieselstein in stilles Wasser fallen lässt, entstehen Wellen. Die erste Welle ist sehr klein. Die nächste ist etwas größer und erzeugt weitere Wellen, die immer größer werden. Sie breiten sich aus so weit du sehen kannst. Dein Leben kann den gleichen Effekt haben wie ein solcher Kieselstein. Die Wellen breiten sich zu deiner Familie, deiner Gemeinde und deiner Wohnstätte aus. Das Ergebnis wäre, dass ganze Städte, Nationen und schließlich die ganze Welt transformiert wird. Gott braucht nur einen Menschen, der seinem Plan nachgeht, um große Veränderung zu bewirken – ein Mensch, der bereit ist, Gott zu gehorchen und seiner Bestimmung zu folgen.

Ich erinnere mich an jemanden, dessen Leben wie ein Kieselstein war, der ins Wasser geworfen wurde. Sie war eine Frau mit starkem Charakter, voll des Glaubens, des Mutes und des Patriotismus. Wenn sie Gefahr witterte, verbrachte sie viel Zeit mit Fasten und Gebet vor Gott. Die Entscheidungen, die sie traf, hätten ihren eigenen Tod und den Tod einer ganzen Rasse bedeuten können. Dennoch folgte sie ihrem Herzen. Die Wellen ihres Lebens breiteten sich aus, und so wurde eine ganze Nation gerettet. Diese Frau kennen wir – sie hieß Esther. Sie war ein gefangenes, jüdisches Waisenkind, das Gott zur Königin krönte. Die Wellen ihres Lebens waren mitentscheidend dafür, dass das jüdische Volk – ihr Volk – vor der Vernichtung bewahrt wurde.

Es ist fast unvorstellbar, dass eine Person eine ganze Stadt beeinflussen kann, geschweige denn ein ganzes Land oder andere Nationen. Doch wenn der Herr jemanden beruft, legt er ihm eine brennende Überzeugung und eine Sehnsucht ins Herz und macht ihn zu allem fähig. Esthers Leben ist ein großartiges Beispiel für uns. Alles ist möglich, wenn wir glauben und leidenschaftlich leben.

Zusammen mit einem Menschen, der seiner Berufung gegenüber gehorsam ist, wird Gott die Welt verändern.

Im Laufe der Geschichte haben viele Männer und Frauen nicht nur ihre Städte verändert, sondern darüber hinaus ihre Länder und andere Nationen. Martin Luther King jr., Mutter Teresa und Billy Graham sind moderne Beispiele.

Martin Luther King jr., der berühmte Bürgerrechtsführer der Vereinigten Staaten, begann als Pastor einer kleinen Gemeinde. Seine tiefste Sehnsucht war es, größere soziale Gerechtigkeit zu bewirken und Menschenrechte hervorzuheben. Seine Rede „Ich habe einen Traum" beeinflusste nicht nur seine eigene Generation. Heute, viele Jahre später, wirkt sie sich immer noch stark auf die Gesellschaft aus. Kings Leben beeinflusste schließlich die ganze Welt.

Mutter Teresa war eine berühmte Philanthropin, die für die Armen und Unterprivilegierten eintrat. Ihre Liebe zu den Mittellosen veränderte Leben und Gemeinden, wo auch immer sie hinkam.

Billy Graham, Evangelist aus den Vereinigten Staaten, hielt anfangs kleine Erweckungsgottesdienste in halbgefüllten Zelten ab. Über die Jahre wurde er zu einem bedeutenden christlichen Leiter. Seine evangelistische Botschaft von Christus predigte er in der ganzen Welt, und viele Millionen Menschen sind zur Erkenntnis der Erlösung durch Jesus Christus gekommen.

Hast du es schon mal in Erwägung gezogen, dass dein Leben so sein könnte wie das von Billy Graham, Mutter Teresa oder Martin Luther King jr.? Wäre es denkbar, dass dein Leben die Menschen um dich herum berühren und schließlich die Nationen der Welt beeinflussen könnte? Hast du, wie Martin Luther King jr., einen Traum? Wird dein Leben wie ein kleiner Kieselstein sein, der in einen stillen Teich geworfen wird und Wellen bildet, die weit und breit die Nationen verändern? Wie sieht dein Traum aus? Was hat Gott dir ins Herz gelegt?

Obwohl wir uns eine Transformation unserer Städte vielleicht schwer vorstellen können, glaube ich, dass es möglich ist. Ich habe sogar Beweise dafür! Transformation öffnet die Türen zur Erweckung. Wie alles andere, muss Transformation irgendwo bei irgendjemandem beginnen. Sie muss einen Anfang haben. In 1. Mose 1,1 steht: *„Am Anfang schuf Gott…"* Ja, alles Neue beginnt bei Gott. Wenn man Bewegungen Gottes, die auf die Gesellschaft und die ganze Welt Einfluss hatten, auf ihren Ursprung zurückverfolgt, stellt man eines fest: Sie sind meistens im Herzen von willigen Menschen geboren, die Gott erlaubt haben, Transformation in ihrem eigenen Leben zu bewirken. Sehr oft wachsen gewaltige Bewegungen Gottes aus einem kleinen Samen, der von ihm gesät wurde. Hast du einen Samen von Gott tief in deinem Herzen? Selbst wenn du nicht sicher bist, ob du in deinem Herzen einen

Samen trägst, bist du dennoch bereit, dass Gott dein Leben verändert und transformiert?

Bist du außerdem bereit, den Samen durch den Heiligen Geist bewässern zu lassen, damit er zu dem wunderschönen Plan Gottes für dein Leben heranwachsen kann?

Vor ein paar Jahren setzte der Herr einige Ereignisse in Bewegung, die mein Leben für immer in eine neue Richtung lenkten. Viele Jahre zuvor hatte er einen Samen in mein Herz gesät. Ich wusste gar nicht, dass der Same existierte, wollte aber das tun, wozu Gott mich berufen hatte. Der Same fing an zu wachsen, als Gott eine brennende Sehnsucht in mir erweckte, meine Stadt transformiert zu sehen. Ich weiß, es war der Herr, der den Samen in mich hineinlegte. Ich bin schließlich kein Evangelist, und ich dachte, er würde nur Evangelisten gebrauchen, um Städte zu transformieren.

Evangelisieren hat mich nie sehr interessiert, deshalb habe ich auch selten darüber nachgedacht. Ich war eine Fürbitterin und glücklich mit der Aufgabe, die Gott mir anvertraute.

Obwohl ich wusste, dass Gottes Herz für Evangelisation und Wiederherstellung schlug, habe ich es nie für möglich gehalten, dass er mich als Teil seines Plans für die Transformation meiner Stadt gebrauchen wollte. Er verschmolz meine Berufung zur prophetischen Fürbitte mit einer Sehnsucht, Erweckung und Veränderung in meiner Stadt zu sehen. Mein Teil dieser Transformation war Gebet. Er erweckte in mir eine Leidenschaft, Transformation in meiner Stadt durch Gebet zu bewirken, und zwar konkret durch Spaziergänge der prophetischen Fürbitte.

Bis vor einigen Jahren lebte ich im Südosten der Vereinigten Staaten. Ich war eine Fürbitterin und hatte eine Berufung zur Fürbitte. Ich betete jahrelang für meine Stadt und meine Nation und tue das immer noch. Dann „verpflanzte" mich der Herr von Florida in eine kleine Stadt in Nordkalifornien. Obwohl alles ganz anders war als im Süden, blieb eines unverändert – mein Drang zum Gebet für meine Stadt. Als ich in Redding, Kalifornien ankam, verliebte ich mich sofort in meine neue Stadt, und ich hatte ein überwältigendes Bedürfnis, für sie zu beten. Gleichzeitig wurde ich herausgefordert, die Stadt „im Geist einzunehmen". Das war ein neues Konzept für mich, und ich nahm es sehr ernst. (Mehr über „im Geist einnehmen" erläutere ich später im Buch.)

Ich wusste, es war Gott, der mir diese frische, neue Liebe und Leidenschaft gab, meine Stadt verändert zu sehen. Er fing an, mir zu zeigen, wie sein Herz für die Städte schlägt. Es ist sein Wunsch, dass Städte verändert werden und ihre Gott gegebene Berufung erfüllen. Genauso wie jeder Mensch eine einzigartige, von Gott gegebene Berufung hat, haben Städte sie auch. Gott hat einen ausgeprägten Plan und Zweck für sie. Er sehnt sich danach, dass stadtweite Erweckungen stattfinden und Städte transformiert werden.

Dieser Bibelvers kam mir immer wieder:

> *Und ich hörte die Stimme des Herrn fragen: Wen soll ich senden, und wer wird für uns gehen? Da sprach ich: Hier bin ich, sende mich!* (Jes 6,8)

Ich fing an zu verstehen, was der Herr mir sagen wollte. Ich sollte nicht nur für meine neue Stadt Fürbitte tun. Fürbitte war Teil seines Plans und der Grund, weswegen er uns nach Redding geschickt hat. Damals verstand ich nicht, warum ich eine so große Liebe und Leidenschaft für die Transformation dieser Stadt hatte. Ich wusste nur, dass sie von Gott kam und Gebet ein Schlüssel zu dieser Transformation war. Gott hatte mich berufen, Teil seines Plans zu sein, doch ich hatte keine Ahnung, wie diese Transformation aussehen würde oder welche Rolle ich dabei spielen sollte. Doch mein Herz war willig, Gott zu folgen.

Mein Herzensanliegen war es schon immer, meine Bestimmung zu erfüllen. Ich ahnte nicht, dass mein Leben eine solch drastische Wendung nehmen würde. Gottes Plan war es, mich aus meiner gewohnten Umgebung und weg von meiner Familie zu führen. Ich sollte quer über das Land an einen Ort ziehen, an dem ich vorher nie gewesen war. Ich habe alles Bequeme und Vertraute hinter mich gelassen. Es war eine schwierige Zeit der Veränderung. Doch ich wusste, Gott steckte dahinter. Nachdem ich eine Zeit lang mit Gott gerungen habe, gab ich ihm Jesaja 6,8 zur Antwort: „Hier bin ich, sende mich.“ Seitdem zeigt er mir immer stärker sein Herz für Erweckung und Transformation von Städten. Er ist ständig dabei, seine Blaupausen für die Transformation von Städten offenzulegen.

Sehnst du dich danach, dass deine Stadt verändert wird? Beruft er auch dich? Bist du bereit, dich vom Herrn gebrauchen zu lassen, damit deine Stadt und deine Nation durch Gott transformiert werden? Wenn ja, so sprich einfach: „Hier bin ich, sende mich."

Mit diesem Prozess begann in mir eine neue und wunderbare Transformation. Gott schaffte aus meiner Persönlichkeit, meinen Gaben und meinen Sehnsüchten etwas Neues in meinem Herzen. Er erinnerte mich an das, was er mich gelehrt hatte, an die Dinge, die ich liebe und wonach ich mich sehne, und er führte mich neue Wege. Er weckte in meinem Herzen eine neue Art des Gebets – die prophetische Fürbitte.

Ich liebe das Prophetische. Es bedeutet, dass ich meinem himmlischen Vater begegne, um zu hören, was sein Herz bewegt. Ich gehe auch sehr gerne spazieren. Darum war es für mich ganz natürlich, betend durch die Straßen meiner Stadt zu gehen, um danach zu sehen, wie Gott Dinge durch Gebet verändert. Ich mag es, wenn Gott durch seine wunderschöne Schöpfung zu mir redet, und wenn durch meine prophetischen Handlungen seine Auswirkungen sichtbar werden. Später im Buch gehe ich näher auf diese Gebetsspaziergänge ein.

Mittlerweile leite ich Teams von hingegebenen Fürbittern, die mit mir spazieren gehen. Es ist spannend und belebend, durch unsere Stadt zu gehen und im.Gebet zu bekennen, was Gott über sie gesprochen hat. Gott hat etwas angefacht, wovon ich nicht zu träumen gewagt hätte. Ich freue mich, dir in diesem Buch mitzuteilen, welche Pläne und Anweisungen Gott mir in Bezug auf Transformation von Städten durch Gebet gezeigt hat. Hierbei geht es nicht um die Stadtplanung oder irgendwelche Ausschüsse.

Sie sind trotzdem wichtige Elemente, die Gott anderen übertragen wird.

Ich glaube, Gebet ist die Grundlage für Veränderung in allen Lebensbereichen. Es fängt mit Christen an, die bereit sind, Gott einen Prozess der Transformation in ihrem Leben zu erlauben. Während Gott in uns Veränderung bewirkt, setzt er die Transformation von Städten in Gang. Dies wird durch das Gebet von hingegebenen Menschen zustande gebracht, die sich eine Veränderung ihrer Stadt wünschen.

Bist du bereit, dein Leben von Gott verändern zu lassen? Sehnst du dich danach, dass deine Stadt verändert wird? Beruft er auch dich? Bist du bereit, dich vom Herrn gebrauchen zu lassen, damit deine Stadt und deine Nation durch Gott transformiert werden? Wenn ja, so sprich einfach: „Hier bin ich, sende mich."

KAPITEL 2

FÜRBITTE
Einfach, spannend und für jeden

Viele Menschen verstehen Fürbitte falsch. Einige glauben, dass Fürbitte für Nonnen, Mönche und solche reserviert ist, die sich von der Gesellschaft isolieren, um ausschließlich zu Gott zu beten. Sie glauben nicht, dass Fürbitte ein Teil des Gebetslebens eines gewöhnlichen Christen ist. Manche haben Angst davor, Fürbitte zu tun und sagen, „Ich möchte nie ein Fürbitter sein!" Andere sehen Fürbitter als Menschen, die im Kreis zusammensitzen oder sich in ihr „Gebetskämmerlein" zurückziehen, um mit stundenlangem Stöhnen und Flehen gewichtige Gebetsbürden vor den Herrn zu bringen. Für einige ist diese Art zu beten eine Freude, doch andere verstehen sie falsch und lassen sich abschrecken.

Ich möchte dir sagen, dass es viele Arten des Gebets und der Fürbitte gibt. Wenn du mit Fürbitte noch nichts anfangen kannst, möchte ich dir diese spannende, befriedigende und belohnende Welt auftun. Ich glaube, wir sind alle als Fürbitter berufen, denn jeder von uns betet in irgendeiner Art und Weise. Ich bin eine Fürbitterin und möchte dir sagen: Es ist ein großes Vorrecht und eine große Ehre, von Gott für diesen Dienst berufen zu sein. Sich mit ihm im Gebet eins zu machen, ist ein spannendes und erfüllendes Abenteuer voller Freude. Wenn du Gott begegnest und er dein Herz berührt, sind die Möglichkeiten in der Fürbitte grenzenlos.

Zu bestimmten Zeiten in unserem Leben werden wir alle zum Beten und auch zur Fürbitte aufgefordert. Dennoch glaube ich, dass bestimmte Menschen die Gabe der Fürbitte haben und als Fürbitter berufen sind. In der Bibel liest man zwar nicht ausdrücklich, dass Gott eine Gabe der Fürbitte schenkt. Doch wenn man tiefer hineinschaut, erkennt man, dass z.B. Mose ein Fürbitter war, auch wenn die Bibel dies nicht direkt sagt. Denn er „trat in den Riss“ für die Kinder Israels. Viele weitere Männer und Frauen der Bibel „traten in den Riss“, obwohl sie nicht den Titel „Fürbitter“ hatten.

Gott ruft heraus:

> *Und ich suchte unter ihnen einen Mann, der die Mauer zumauern und vor mir in den Riss treten könnte für das Land, damit ich es nicht zugrunde richte; aber ich fand keinen.* (Hes 22,30)

> *Denn die Augen des Herrn durchstreifen die ganze Erde, um sich mächtig zu erweisen an denen, deren Herz ungeteilt auf ihn gerichtet ist.* (2 Chr 16,9a)

Womit bekommt man Gottes Aufmerksamkeit? Mit einem willigen und gehorsamen Herzen. Ist dein Herz so?

In der Schrift lesen wir: Was Gottes Aufmerksamkeit mehr als alles andere bekommt, ist ein Herz, das willig und gehorsam ist. Beschreibt das dein Herz?

Wer wird durch Gebet und Fürbitte in den Riss treten? Wer wird ihm treu sein? Die Schrift sagt uns, dass Gott Menschen sucht, die bereit sind zu sagen: „Hier bin ich, Herr. Ich werde treu sein und in den Riss treten. Ich werde für meine Familie, meine Stadt und mein Land beten." Werden du und ich solche Menschen sein? Gott sucht Menschen, von denen er weiß, dass er ihnen vertrauen kann, denn er will ihnen die tiefsten Geheimnisse seines Herzens offenbaren. Diese Fürbitter treten durch Gebet in den Riss, um seine Wünsche Wirklichkeit werden zu lassen und sein Reich auf Erden zu errichten. Mein Wunsch ist es, die Verwirrung und die Missverständnisse über Fürbitte aufzulösen. Ich lade dich ein, zu entdecken, wie schlicht und spannend es ist, ein Fürbitter zu sein – eine Person des Gebets. Ich möchte den Wunsch in dir wecken, Veränderung in deinem persönlichen Leben, in deiner Stadt und in deinem Land zu sehen. Ich möchte dich dazu bewegen, Teil dieser Transformation zu sein, indem du prophetische Fürbitte tust.

Gottes Güte

Fürbitte ist nicht nur für einige wenige Menschen, die sich zurückziehen und Stunden in mühevollem Gebet zu Gott verbringen. Es gibt keine feste Methode oder Formel für die Fürbitte. Sie ist für jeden, der gerne mit Gott redet. Gott ist gut. Er ist auch ein guter Zuhörer und möchte von uns hören. Seine Güte zu uns währt ewiglich.

Gottes Güte währt allezeit. (Ps 52,1 Zürcher Bibel)

Er liebt uns und möchte sich mit uns unterhalten. Wir alle sind für ihn etwas Besonderes und können jederzeit – Tag und Nacht – und überall zu ihm kommen:

Naht euch zu Gott, so naht er sich zu euch! (Jak 4,8)

Ja, ihr werdet mich suchen und finden, wenn ihr von ganzem Herzen nach mir verlangen werdet. (Jer 29,13)

Wir müssen uns nicht in einer Kirche oder in einem Gebetsraum befinden, um zu beten. Wir können uns mit Gott unterhalten während wir fahren, am Schreibtisch arbeiten, im Park einen Spaziergang machen oder das Abendessen vorbereiten. Er ist immer nah und möchte von uns hören, egal wo wir gerade sind oder was wir gerade tun.

FREUDE IN DER FÜRBITTE

Fürbitte vor den Herrn zu tun, ist ein großes Vergnügen und macht viel Freude. Die Zeiten des Gebets und der Fürbitte, die ich bisher erlebt habe, sind alles andere als eintönig und düster. Es geht gar nicht darum, eine schwere Last zu tragen, denn Jesus trägt schon die Last.

Ich bete einfach mit freudiger Aufregung und Erwartung, denn ich weiß, er wird meine Gebete erhören. Zeit im Gebet zu verbringen und mit Gott zu reden, erfüllt mich mit Freude:

Du wirst mir den Weg des Lebens zeigen; vor deinem Angesicht sind Freuden in Fülle, liebliches Wesen zu deiner Rechten ewiglich! (Ps 16,11)

Dies habe ich zu euch geredet, damit meine Freude in euch bleibe und eure Freude völlig werde. (Joh 15,11)

Der Gott der Hoffnung aber erfülle euch mit aller Freude und mit Frieden im Glauben, dass ihr überströmt in der Hoffnung durch die Kraft des Heiligen Geistes! (Röm 15,13)

Denn die Freude am Herrn ist eure Stärke! (Neh 8,10b)

Ein englisches Lexikon definiert das Wort „Freude" so: „Große Glücksgefühle, vor allem von einer erhöhten geistlichen Art; ein Vergnügen; ein angenehmer Aspekt von etwas, das man als Quelle des Glücks erkennen kann."[1] Über 200 Bibelstellen erhalten die Worte „Freude", „freudig", „freuen" oder „freudvoll". Meinst du, Freude ist für Gott etwas Wichtiges? Ich würde sagen: Ja, ganz bestimmt.

Es gibt noch andere Worte, die Freude beschreiben. Hier einige Beispiele: vergnüglich, glücklich, genüsslich, glückselig, fröhlich, heiter, lustig. Schon beim Lesen dieser Worte fühle ich, wie Freude mein Herz erfüllt. Wenn ich über den Herrn und meine Berufung zur Fürbitte nachdenke, wächst meine Freude sehr. Ich möchte auch dich ermutigen, dein Herz und dein Leben mit der Freude des Herrn erfüllen zu lassen. Das wird deine Sichtweise völlig verändern.

FÜRBITTE IST SPANNEND

Es ist wichtig zu verstehen, dass in der Gemeinde eine neue Epoche des Gebets und der Fürbitte beginnt. Wenn du das begreifst, wirst du Fürbitte besser verstehen und den Wunsch haben, ein Fürbitter zu werden. Oder du wirst erkennen, dass du bereits ein Fürbitter bist. Gott beginnt seine Absichten auf eine neue Art und Weise auf Erden zu verwirklichen. Ich freue mich, einem dynamischen und lebhaften Gott zu dienen, der keinesfalls langweilig ist. Er begeistert uns, belebt uns und hält uns auf Trab.

Ich bin seit über 30 Jahren Fürbitterin und habe noch nie etwas so Spannendes und Erfüllendes erlebt, wie das, was der Herr momentan tut. Das ist eine neue Epoche, und Gott lehrt uns Dinge über Fürbitte, die wir zuvor nie wussten.

Als ich damals meinen Dienst als Fürbitterin begann, war ich eine alleinstehende Mutter von drei Kindern. Tief in mir sehnte ich mich danach, dem Herrn in besonderer Weise zu dienen. Meine freie Zeit war aber eingeschränkt, da ich als Lehrerin an einer Grundschule arbeitete und nebenbei drei Kinder großzog.

Doch ohne es zu merken, diente ich ihm bereits in einer Art und Weise, die meine Bestimmung und meine Herzensleidenschaft werden sollte. Ich merkte gar nicht, wie viel Zeit ich während des Tages im spontanen Gebet zubrachte. Wenn mir Gedanken oder Eindrücke kamen, redete ich einfach mit dem Herrn darüber.

Ich betete für die Oma im Lebensmittelladen, für Menschen im vorbeifahrenden Krankenwagen, für meine Schüler und ihre Familien, selbst für die Wehwehchen meiner Kinder. Oft weckte mich der Herr mitten in der Nacht zum Gebet. Ich stand auf, kniete mich vor mein Bett, betete nach seinen Anweisungen, kroch dann zurück ins Bett und schlief wieder ein. Während dieser ganzen Zeit lehrte er mich zu beten und vertiefte meine Beziehung zu ihm. Für mich war es sehr einfach. Ich hörte dem Herrn zu, brachte Anliegen anderer Menschen vor ihn und betete. Erst viele Jahre später erkannte ich, dass mein Gebetsleben etwas Besonderes war. Ich dachte, alle Christen beten so. Ich erkannte nicht, dass diese Gebete bereits Fürbittegebete waren.

Wenn ich heute auf jene Tage zurückblicke, erkenne ich, dass der Herr damals eine kleine Gebetsflamme angezündet hatte. Sie fing klein an und wuchs über die Jahre. Heute ist die Flamme zu einem stürmischen, lodernden, gefährlichen, verzehrenden Feuer geworden. Ich brenne mit einem leidenschaftlichen Feuer dafür, dass einzelne Menschen und meine ganze Stadt zur Ehre Gottes transformiert werden. Und ich weiß: Wenn meine Stadt transformiert wird, breitet sich das Feuer im ganzen Land aus und verändert schließlich die Nationen. Vielleicht hast du auch seit Jahren Fürbitte getan, ohne es zu merken. Wäre es denkbar, dass meine Geschichte auch deine Geschichte ist? Vielleicht hast auch du nicht gewusst, dass Gott dich als Fürbitter berufen hat.

DEFINITIONEN

Um diese Fragen zu beantworten, schauen wir uns nun ein paar Definitionen an. Das Wort „Fürbitte" findet man im Alten und Neuen Testament.

„Strong's Exhaustive Concordance of the Bible" bietet eine gute Definition des hebräischen Wortes für „Fürbitte", *paga,* und des griechischen Wortes, *enteuxis:*

Paga: beeinflussen (etwas bewirken, beeinträchtigen oder stören), durch Unfall oder Gewalt; durch Aufdringlichkeit (fordernd oder beharrend), zusammentreffen, auf etwas fallen, beten.

Enteuxis: ein Interview; sich einem König oder Gott nähern; ersuchen; sich stellvertretend für andere einsetzen.[2]

Nun schauen wir uns die Definition von „Fürbitte" in „The American Dictionary of the English Language" von Noah Webster an. Es ist sicherlich ungewöhnlich, ein so altes Lexikon aus dem Jahre 1828 zu konsultieren. Doch Noah Webster war ein christlicher Autor, der in einer angenehmen und tiefen Weise die Bedeutung von Worten wiedergeben konnte. Er verwendete sogar Bibelstellen in seinem Lexikon. Ich gebrauche es sehr gerne.

Fürbitten

1. Dazwischen gehen
2. Vermitteln, einwerfen, Fürbitte tun, zwischen Parteien vermitteln mit der Absicht, Streit zwischen den Kontrahenten zu schlichten
3. Für jemanden zu plädieren

Fürbitte: Vermittlung zwischen zwei Kontrahenten, mit dem Ziel der Versöhnung; eine Aufforderung einer Partei zugunsten einer anderen Partei.

Fürbitter: ein Schlichter; jemand, der zwischen zwei Kontrahenten schaltet; jemand, der für einen anderen plädiert.[3]

Als Grundschullehrerin möchte ich „Fürbitte" in Bezug auf Gott so einfach wie möglich darstellen. Fürbitte bedeutet, Gottes Gegenwart zu betreten, um etwas mit Leidenschaft für jemanden zu erbitten und danach seine Antworten in Gebete zu formulieren. Oft gehen Fürbitte und Fasten Hand in Hand, was wir später anhand von einigen Beispielen sehen werden. Im Alten und im Neuen Testament haben „Fürbitte" und „Gebet" weitgehend die gleiche Bedeutung, obwohl im Alten Testament Fürbitte intensiver und beharrlicher ist. Im Neuen Testament wird Gebet manchmal von Anbetung begleitet.

Ich mag es, wie Beni Johnson Fürbitte beschreibt. In ihrem Buch, „Der glückliche Fürbitter", schreibt sie: „Fürbitte bedeutet, sich nach Gott ausstrecken, ihm begegnen und ihn ernsthaft um seine Gunst bitten".[4]

MÄCHTIGE FÜRBITTER

Die Bibel enthält viele Beispiele von Fürbittern, die für andere an Gott appelliert haben. In 1. Mose 18,27-33 lesen wir den Bericht von Abraham, dem allerersten Fürbitter. Er trat vor den Herrn und bat für die Gerechten in Sodom und Gomorra um Gnade. Er bat Gott, diese bösen Städte nicht zu vernichten. Abraham betete, dass der Herr die Städte nicht vernichten sollte, wenn dort 50 Gerechte leben würden. Der Herr ließ sich darauf ein, die Städte zu schonen, wenn man dort 50 Gerechte finden würde.

Hör auf, deine eigenen Antworten im Gebet zu formulieren. Trete vor Gott und stelle ihm Fragen. Lasse dir seine Antworten schenken und bringe sie dann vor ihn im Gebet.

Abraham ahnte wohl, dass es keine 50 Gerechten in den Städten gab. Darum fuhr er fort, Gott um Gnade für die Städte anzuflehen, wenn nur 45 Gerechte zu finden wären. Und so ging es weiter mit 40, 30, 20 und schließlich 10 Gerechten! Jedes Mal ließ sich Gott darauf ein, die Städte nicht zu zerstören. Dennoch wurden die Städte Sodom und Gomorra am Ende zerstört, weil man dort nicht einmal 10 Gerechte finden konnte.

Abraham tat Fürbitte für das Volk und „trat in den Riss“ für zwei Städte. Wir können viel von Abrahams Fürbitte lernen und von seiner Entschlossenheit, die Menschen dieser Städte zu retten. Er ist ein starkes Beispiel eines Menschen, der in Fürbitte für Städte leidenschaftlich vor Gott getreten ist.

Mose ist ein weiterer mächtiger Fürbitter des Alten Testaments. Er flehte Gott sehr oft wegen der Sünden der Kinder Israels an. Die Israeliten vergaßen Gott immer wieder, brachen seine Gebote und sündigten erneut. Genauso oft schrie Mose inbrünstig zu Gott in der Fürbitte und bat ihn, sich zu besinnen und Israel nicht zu zerstören.

Wegen Moses Fürbitte gab Gott jedes Mal nach und tat dem Volk das Leid nicht an, das er geplant hatte.

Im 2. Mose 32 lesen wir von einem dieser Fälle, bei dem Mose für das Volk Israel Fürbitte tat. Mose war laut Anweisungen Gottes oben auf dem Berg Sinai, um Zeit mit ihm zu verbringen. Die Kinder Israels wurden ungeduldig während sie darauf warteten, dass Mose wieder herunterkommt. Sie fingen an zu glauben, er würde gar nicht mehr zurückkehren. Darum versammelten sie sich und baten Aaron, ihnen Götter zu machen, die sie anbeten könnten. Sie brachten ihm ihr Gold, wovon er ein goldenes Kalb bildete, das sie anbeten konnten. Gott sah, was sie taten, und sprach zu Mose: „*So lass mich nun, damit mein Zorn gegen sie entbrennt und ich sie verzehre; dich aber will ich zu einem großen Volk machen*" (2 Mo 32,10).

Mose flehte den Herrn an:

> *Gedenke an deine Knechte, Abraham, Isaak und Israel, denen du bei dir selbst geschworen und zu denen du gesagt hast: Ich will euren Samen mehren wie die Sterne am Himmel, und dieses ganze Land, das ich versprochen habe, eurem Samen zu geben, sollen sie ewiglich besitzen!* (2 Mo 32,13)

Mose erinnerte Gott an den Bund, den er mit den Vorfahren des Volkes Israels geschlossen hatte. Wenn Gott die Israeliten zerstören würde, wäre kein Nachkomme Abrahams mehr übrig. Darum gab Gott nach und tat dem Volk das Leid nicht an, das er angedroht hatte. Mose war ein starker Fürbitter, der das Volk liebte und die Kinder Israels viele Male vor dem Zorn Gottes rettete.

Psalm 106 erwähnt Mose und gibt uns eine ausgezeichnete Definition für „Fürbitter“:

Und er gedachte sie zu vertilgen, wenn nicht Mose, sein Auserwählter, in den Riss getreten wäre vor ihm, um seinen Grimm abzuwenden, dass er sie nicht vertilgte. (Ps 106,23)

JESUS, DER ULTIMATIVE, PROPHETISCHE FÜRBITTER

Jesus ist der ultimative und ewige Fürbitter der ganzen Menschheit. Sein Leben ist das beste Beispiel eines Fürbitters. Er versöhnte uns mit dem Vater, indem er in den Riss zwischen dem Vater und der Menschheit trat. Er gab nicht nur sein Leben als erlösendes Opfer für unsere Sünden, sondern schenkte uns durch seine Auferstehung ewiges Leben.

In der Bibel steht, dass Jesus unser persönlicher Fürbitter ist. Im Römerbrief und auch im Hebräerbrief heißt es, dass er gerade im Himmel ist und für uns Fürbitte leistet:

Wer will verurteilen? Christus ist es doch, der gestorben ist, ja mehr noch, der auch auferweckt ist, der auch zur Rechten Gottes ist, der auch für uns eintritt! (Röm 8,34)

Daher kann er auch diejenigen vollkommen erretten, die durch ihn zu Gott kommen, weil er für immer lebt, um für sie einzutreten. (Hebr 7,25)

Es ist schwer zu begreifen, dass Jesus gerade jetzt im Himmel sitzt und für dich und mich Fürbitte macht. Doch das sagt uns die Heilige Schrift.

Wahrscheinlich hat Jesus auch Fürbitte getan, als er hier auf der Erde lebte. Vielleicht tat er das, als er sich an einen einsamen Ort zurückzog, um alleine mit seinem Vater zu sein.

Erinnerst du dich an die Definition eines Fürbitters? Ein Fürbitter ist jemand, der Gottes Gegenwart betritt, um etwas mit Leidenschaft für jemanden zu erbitten. Das tat Jesus hier auf Erden, und das tut er auch heute noch für uns.

Jesus Christus ist der ultimative Fürbitter und kam, um Gott auf Erden zu vertreten. Er kam zur Erde, weil Adam gesündigt hat und Gott einen Mittler zwischen sich und der ganzen Menschheit senden wollte:

> *Denn es ist ein Gott und ein Mittler zwischen Gott und den Menschen, der Mensch Christus Jesus.*
> (1 Tim 2,5)

Jesus kam als Mittler zwischen dem Vater und der Menschheit. Durch seinen Tod am Kreuz versöhnte er uns mit Gott. Er durchbrach Satans Ketten, indem er sein Leben gab, damit wir das ewige Leben haben können. Das war sein erlösendes Werk der Fürbitte, das nun für dich und mich abgeschlossen ist. Damit haben wir ewiges Leben.

JESUS, UNSER GRÖSSTES VORBILD

Die Heilige Schrift sagt uns nicht nur, dass Jesus ein Fürbitter war. Sie zeigt uns auch seine Vorgehensweise in der Fürbitte. In der Bibel steht, dass Jesus alleine an einen einsamen Ort ging, um mit seinem Vater zusammen zu sein. Wahrscheinlich waren das Zeiten der Ruhe, in denen er sich regenerieren und hören konnte, was der Vater ihm sagen wollte. Die Schrift verrät uns nicht, wie diese Zeiten mit dem Vater abliefen. Wir wissen aber, dass Jesus nur das sagte, was er den Vater sagen hörte und nur das tat, was er den Vater tun sah. Jesu Worte sind ein wichtiger Hinweis für uns alle, wenn wir Gott suchen:

Da antwortete Jesus und sprach zu ihnen:

> *Wahrlich, wahrlich, ich sage euch: Der Sohn kann nichts von sich selbst aus tun, sondern nur, was er den Vater tun sieht; denn was dieser tut, das tut gleicherweise auch der Sohn. Denn der Vater liebt den Sohn und zeigt ihm alles, was er selbst tut; und er wird ihm noch größere Werke zeigen als diese, sodass ihr euch verwundern werdet.* (Joh 5,19-20)

Wir wissen, dass Jesus oft an einen einsamen Ort ging, um mit seinem Vater zusammen zu sein. Wahrscheinlich offenbarte ihm sein Vater während dieser intimen Zeiten seine Herzenswünsche und Pläne. Das tut er mit uns auch heute noch. Er sehnt sich danach, sich mit uns an einem stillen, geheimen Ort zu treffen. Er möchte eine Beziehung zu uns bauen, um uns eigene, besondere Aufgaben und Aufträge zu erteilen.

Aus dieser intimen Beziehung heraus wird er uns die Pläne offenbaren, die wir für ihn durchführen sollen. So einfach ist das! Verbringe alleine Zeit mit deinem himmlischen Vater an einem besonderen Ort und lasse zu, dass er dir seine Pläne aufzeigt. Er wird dir sagen, was du sagen und tun sollst, genauso wie er es Jesus mitgeteilt hat.

Andere Stellen belegen, dass Jesus nur das sagte und tat, was sein Vater ihm gezeigt hat:

> *Darum sprach Jesus zu ihnen: Wenn ihr den Sohn des Menschen erhöht haben werdet, dann werdet ihr erkennen, dass ich es bin; und ich tue nichts von mir selbst aus, sondern wie mich mein Vater gelehrt hat, so rede ich.* (Joh 8,28)

> *Denn ich habe nicht aus mir selbst geredet, sondern der Vater, der mich gesandt hat, er hat mir ein Gebot gegeben, was ich sagen und was ich reden soll.* (Joh 12,49)

Jesus befiehlt uns, das zu sagen und zu tun, was er während seiner Zeit auf Erden sagte und tat:

> *Wahrlich, wahrlich, ich sage euch: Wer an mich glaubt, der wird die Werke auch tun, die ich tue, und wird größere als diese tun, weil ich zu meinem Vater gehe.* (Joh 14,12)

Das scheint vielleicht eine überwältigende Verantwortung zu sein. Doch wissen wir, dass wir alles tun können, wozu uns Gott beauftragt und beruft. Was für ein Vorrecht und eine Ehre ist es, Jesus zu dienen und für ihn das zu tun, worum er uns bittet.

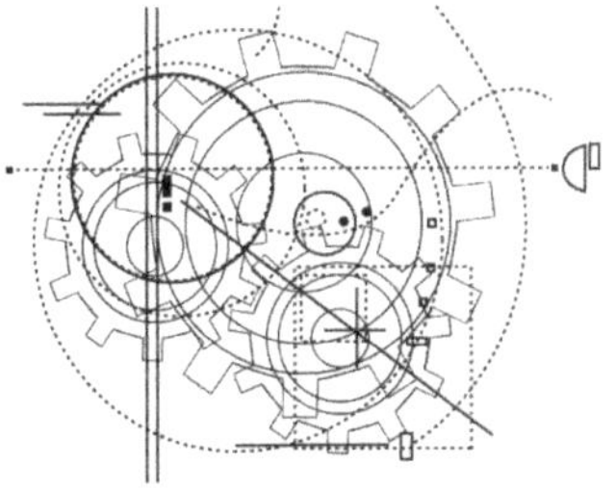

KAPITEL 3

DAS PROPHETISCHE

Einfache Offenbarung

KRAFT IM NAMEN JESU

In der Bibel steht, dass der Name Jesus sehr mächtig ist. Jesus selbst sagt uns, wir sollen seinen Namen gebrauchen, wenn wir beten und unsere Anliegen vor ihn bringen.

Und alles, was ihr bitten werdet in meinem Namen, das will ich tun, damit der Vater verherrlicht wird in dem Sohn. Wenn ihr etwas bitten werdet in meinem Namen, so werde ich es tun. (Joh 14,13-14)

Bis jetzt habt ihr nichts in meinem Namen gebeten; bittet, so werdet ihr empfangen, damit eure Freude völlig wird! (Joh 16,24)

Es ist wichtig, dem nachzugehen, wozu uns Jesus auffordert. Er ist das Vorbild, dem wir folgen sollen, und er hat uns den Schlüssel zur Erhörung unserer Gebete gegeben. Es ist sehr einfach. Die Kraft kommt durch die Verwendung seines Namens. Bei allen Gebeten und Fürbitten sollen wir darauf achten, dass wir seinen starken, vollmächtigen Namen gebrauchen.

Es geschieht etwas Neues in der heutigen christlichen Szene. Man nennt es die „prophetische Bewegung“. In den letzten ca. zehn Jahren hat die christliche Gemeinde immer mehr über die prophetische Bewegung und über moderne Propheten gehört. Man verbindet manchmal etwas Mystisches mit dieser Bewegung, und darum sind manche Christen sehr vorsichtig, weil sie es nicht verstehen. Das Prophetische stößt bei einigen auf Ablehnung. Sie behaupten: „Das kann nicht von Gott sein.“

WAS IST PROPHETIE?

Viele Christen leugnen das Prophetische, weil ihnen Erkenntnis fehlt. Als ich erstmals von der prophetischen Bewegung erfahren habe, war ich auch sehr skeptisch, denn ich habe sie nicht verstanden. Die Bibel warnt uns: *„Mein Volk geht zugrunde aus Mangel an Erkenntnis“* (Hos 4,6). Meine Leidenschaft für Christus und meine Liebe für eine tiefere Gotteserkenntnis bewegte mich dazu, Prophetie und das Prophetische zu untersuchen. Ich wollte nichts verpassen, was Gott gerade heute macht. Ich möchte dir hier einen Teil meiner Untersuchungen weitergeben, die demonstrieren, wie Gott heute durch das Prophetische mächtig wirkt. Ich bete, dass du dadurch Hunger nach mehr Erkenntnis bekommst und ermutigt wirst, deine eigenen Untersuchungen anzustellen.

Es ist möglich, Gottes Stimme zu hören. Stelle ihm einfach Fragen, und er wird dir antworten.

Prophetie ist nicht kompliziert. Es geht lediglich darum, in Gottes Gegenwart zur Stille zu kommen, auf das zu hören, was er dir sagt und danach zu handeln, was er dir ins Herz legt.

Im Alten und im Neuen Testament lesen wir von Propheten und Prophetinnen. Gott wirkte durch diese ganz normalen Männer und Frauen, um das Leben von Menschen und Nationen zu verändern. Vielleicht untersuchst du zunächst das Leben von Mose, Noah, Debora oder Paulus. Das sind großartige Beispiele von Propheten und Prophetinnen Gottes. Ich glaube, die Bibel gilt genauso für uns heute, wie sie vor Jahrzehnten galt. Gott hat Menschen inspiriert, die Bibel als Vorlage für unser Leben niederzuschreiben.

Das Wort „prophetisch" hat den gleichen Stamm wie das Wort „Prophetie", was sowohl im Alten als auch im Neuen Testament verwendet wird. „Strong's Exhaustive Concordance of the Bible" gibt die ursprüngliche Bedeutung des Wortes wieder:

Naba: durch Inspiration sprechen oder singen, als Vorhersage oder als einfachen Diskurs

Nbuwah: eine gesprochene oder schriftliche Vorhersage[1]

Im Neuen Testament ist das griechische Wort *propheteia* das einzige Wort, das mit „Prophetie" übersetzt wird:

Propheteia: eine Vorhersage, voraussagen, die eigenen Gedanken offenbaren oder kundtun[2]

Prophetikos: ein Prophet, ein Vorhersager; einer, der zukünftige Ereignisse erzählt.[3]

Wieder greifen wir auf Noah Websters Lexikon zurück, das uns hervorragende Definitionen der Begriffe „Prophetie", „prophetisch" und „Prophet" liefert.

Prophetie: Eine Voraussage; eine Vorhersage; eine Deklaration von etwas, was noch kommen wird. Da nur Gott künftige Ereignisse mit Sicherheit kennt, kann niemand außer Gott – oder jemand, dem er sie anvertraut hat – eine wahrhaftige Prophetie aussprechen.

Prophetisch: Prophetie enthaltend; künftige Ereignisse vorhersagend.

Prophet:

1. Jemand, der künftige Ereignisse vorhersagt; ein Voraussager oder Vorhersager.
2. In der Heiligen Schrift: Jemand, der von Gott erleuchtet, inspiriert oder unterwiesen wurde, künftige Ereignisse vorauszusagen, wie z.B. Mose, Elia, David, Jesaja.[3]

Viele Menschen haben Angst vor Propheten, weil sie glauben, eine Prophetie würde negative, persönliche Details über ihr Leben ans Licht bringen. Doch das ist nicht, was die Bibel über persönliche Prophetie lehrt, sondern: *„Wer aber weissagt, der redet für Menschen zur Erbauung, zur Ermahnung und zum Trost"* (1 Kor 14,3).

Die Rolle des Propheten ist es, uns zu helfen, Gottes Stimme zu hören. Er soll aussprechen, was Gott einer

Person, einer Gemeinde, einer Stadt oder einer Nation sagen will. Das Ziel des Propheten ist es, die „verborgenen Schätze“ in einem Menschen zu entdecken, indem er ihn auferbaut (erleuchtet), ermahnt (ermutigt) und tröstet (beruhigt). Prophetisch bedeutet, dass Gott durch seinen Heiligen Geist zu Menschen spricht. Häufig sind Prophetien Bestätigungen für etwas, was Gott bereits gesagt hat.

PROPHETIE – EINFACH GEMACHT

James Goll definiert den Begriff „Prophetie“ in seinem Buch „The Prophetic Intercessor“ sehr redegewandt:

> Man könnte sagen: Prophetie ist der ausgedrückte Gedanke Gottes, der in einer Art und Weise präsentiert wird, bei der es kein Mensch aus seinem natürlichen Talent oder seinem eigenen Wissen heraus hätte völlig aussprechen können. Prophetie ist von ihrem Wesen her übernatürlich, stammt aus dem Herzen Gottes und geht in das Herz und die Gedanken eines Menschen durch die Gaben des Heiligen Geistes über.
>
> … Sie drückt sich entweder als ausgedachte oder spontane Äußerung durch Reden, Singen oder sogar Schreiben aus. Oder durch die Sprache der Träume und Visionen, als ein Wort des Rates, durch Musik und andere Formen der Kunst, oder durch jede andere Art der Überlieferung. Sie macht uns die Stimme Gottes zugänglich.[4]

Wie großartig ist das – die Stimme des Herrn ist uns genauso verfügbar wie den Menschen des Alten und Neuen Testaments! Als Grundschullehrerin habe ich gelernt, scheinbar schwierige Konzepte zu vereinfachen. Gott gab mir folgende einfache Definition des Wortes „Prophetie“: „Auf Gottes Herz hören und tun, was er dir sagt.“ Es ist wirklich so einfach. Wir alle können seine Stimme hören und tun, was er sagt.

Beim Weiterlesen wirst du noch einiges über das scheinbar mysteriöse Reich des Prophetischen lernen. Du wirst vermutlich entdecken, dass es gar nicht so mysteriös ist. Vielleicht bist du sogar im Prophetischen bereits tätig, ohne zu wissen, dass es so heißt.

Meistens spricht der Herr zu uns in einer „kleinen, leisen Stimme“ oder durch Eindrücke, die wir bekommen. Selten hören wir eine vernehmbare Stimme, obwohl das auch schon mal vorkommen kann. Gott spricht außerdem durch sein Wort zu uns – durch die Heilige Schrift – und oft durch andere Menschen. In der Bibel steht, dass es der Heilige Geist ist, der zu uns spricht:

> *Darum, wie der Heilige Geist spricht: „Heute, wenn ihr seine Stimme hört…“* (Hebr 3,7)

> *Nachdem er nun zur Rechten Gottes erhöht worden ist und die Verheißung des Heiligen Geistes empfangen hat von dem Vater, hat er dies ausgegossen, was ihr jetzt seht und hört.* (Apg 2,33)

Ich glaube, Gott spricht ständig zu uns. Wir müssen nur sensibel sein und seiner Stimme zuhören. Wenn er zu uns spricht, müssen wir erkennen, dass es seine Stimme ist, die wir hören. Dann müssen wir genau befolgen, was er uns sagt.

Mose ist ein wunderbares alttestamentliches Beispiel eines Menschen, der prophetisch handelte. In 2. Mose 5-12 lesen wir von seinem Auftreten vor dem ägyptischen Pharao.

Gott hörte die Stimme seines Volkes – sie wollten aus der ägyptischen Sklaverei befreit werden. Gott wählte Mose als seine prophetische Stimme, und Mose handelte prophetisch, wie Gott es ihm anwies. Seine Handlungen waren prophetisch, weil er auf Gottes Stimme hörte und dessen Anweisungen genau befolgte. Mose redete zum Pharao: *„So spricht der Herr, der Gott Israels: Lass mein Volk ziehen, damit es mir in der Wüste ein Fest hält“* (2 Mo 5,1). Das Herz des Pharao aber war verhärtet, und er ließ das Volk Gottes nicht ziehen.

Mose befolgte die Anweisungen Gottes und ging insgesamt zehn Mal zum Pharao, um ihn aufzufordern, das Volk ziehen zu lassen. Jedes Mal warnte Mose den Pharao, dass Gott eine Plage senden würde, wenn er die Israeliten nicht freilasse. Doch der Pharao weigerte sich, das Volk ziehen zu lassen, bis die zehnte Plage kam und sein erstgeborener Sohn starb. Erst dann willigte der Pharao ein, das Volk Israel aus der Gefangenschaft zu befreien. Danach gebrauchte Gott Mose, um die Kinder Israel aus der ägyptischen Gefangenschaft in das Land zu führen, das er ihnen verheißen hatte: ein Land, in dem Milch und Honig floss. Das war ein neuer, sicherer Ort, der ihnen gehören sollte.

Dieser gesamte Vorgang war für Mose schwierig und zeitraubend, doch er hörte auf die Stimme Gottes und befolgte genau seine Anweisungen. Gott wählte Mose als

Befreier seines Volkes, weil Mose auf die Stimme Gottes hörte und ihr gehorchte.

Im Neuen Testament ist Jesus das beste Beispiel eines Menschen, der prophetisch handelte. Er hörte Gottes Stimme und befolgte gehorsam die Anweisungen des Vaters. Jesus sagt uns, dass er nichts getan hat, was er nicht vorher seinen Vater tun sah:

> *Da antwortete Jesus und sprach zu ihnen: Wahrlich, wahrlich, ich sage euch: Der Sohn kann nichts von sich selbst aus tun, sondern nur, was er den Vater tun sieht; denn was dieser tut, das tut gleicherweise auch der Sohn. Denn der Vater liebt den Sohn und zeigt ihm alles, was er selbst tut; und er wird ihm noch größere Werke zeigen als diese, sodass ihr euch verwundern werdet.*
>
> *(Joh 5,19-20)*

Wir als Christen bemühen uns darum, Jesus ähnlicher zu werden. Dabei ist es so wichtig, Gott zu suchen und zu hören, was er sagt. Er ist der Schöpfer von allem: des Universums, unserer Welt und jedem einzelnen von uns. Er liebt uns und weiß, was für seine gesamte Schöpfung am besten ist. Darum wenden wir uns an ihn. Wir wollen hören, was sein Herz bewegt, und erfahren, wie wir ihn erfreuen können.

Wie du siehst, kann man leicht in das Prophetische hineinkommen. Man muss nur hören, was Gott sagt, und seine Anweisungen befolgen. Das Prophetische ist nicht mystisch oder unerreichbar. Es ist für dich, für mich, für jeden.

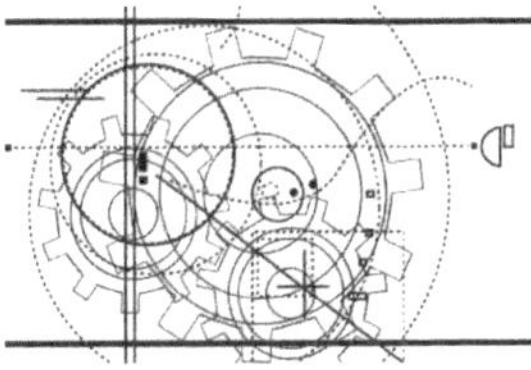

Tu das, wozu du meinst, nicht fähig zu sein. Bitte Gott, höre auf seine Stimme und antworte ihm.

Wenn du vor einer Aufgabe stehst, von der du meinst, sie nicht ausführen zu können, will Gott dir die Aufgabe erleichtern. Werde still, höre auf seine Stimme und empfange die „Blaupausen“, die Gott dir schenkt.

Denn ihr könnt alle einer nach dem anderen weissagen, damit alle lernen und alle ermahnt werden.
(1 Kor 14,31)

Und es wird geschehen in den letzten Tagen, spricht Gott, da werde ich ausgießen von meinem Geist auf alles Fleisch; und eure Söhne und eure Töchter werden weissagen, und eure jungen Männer werden Gesichte sehen, und eure Ältesten werden Träume haben; ja, auch über meine Knechte und über meine Mägde werde ich in jenen Tagen von meinem Geist ausgießen, und sie werden weissagen. (Apg 2, 17-18)

Gott ist ein sehr liebender Gott und möchte mit uns eine Beziehung haben. Er möchte genauso viel mit dir reden, wie er von dir hören will. Das ist doch einfacher, als du dir vorgestellt hast, oder? Seit Jahren wurden Christen in die Irre geführt. Sie glaubten, dass Gott zu groß und bedeutend ist, um Zeit für sie zu haben. Genau das Gegenteil ist aber der Fall. Gott sehnt sich danach, mit uns eine Beziehung zu haben, damit wir hören können, was er uns sagen möchte.

Kannst du dich an Zeiten erinnern, in denen Gott zu dir sprach, aber du seine Stimme nicht erkannt hast? Vielleicht hast du nur etwas geahnt, eine leise, innere Stimme gehört oder einen kleinen Stups in deinem Geist gespürt. Vielleicht hat dieses kleine Etwas dein Leben oder das Leben anderer verändert.

Die Herausforderung ist nun, das umzusetzen, was du gelernt hast. Den Herrn zu hören und seiner Stimme zu gehorchen sind die größten Vorrechte, die wir hier auf Erden haben. Wenn wir erkennen, dass wir Gottes Stimme hören können, schließt das neue Dimensionen des Reiches Gottes auf und lässt uns den Himmel auf Erden erleben.

Stell dir das mal vor! Jesus proklamiert: *„Dein Reich komme. Dein Wille geschehe, wie im Himmel, so auch auf Erden“* (Mt 6,10).

Vor Jahren wurde ein wunderbares, prophetisches Wort über mein Leben ausgesprochen. Damals habe ich es noch nicht verstanden, doch mittlerweile hat sich das Wort erfüllt und mein Leben für immer verändert. Einige Monate bevor ich nach Redding, Kalifornien gezogen bin, um die „School of Ministry“ an der Bethel Gemeinde zu besuchen, sprach ein Prophet über mich folgendes Wort aus: „Prophetische Fürbitte, prophetische Fürbitte. Herr, schenke ihr einen purpurfarbigen Raum mit goldenen Vorhängen. Prophetische Fürbitte.“ Ich wusste schon, dass ich eine Fürbitterin war, doch ich hatte keine Ahnung was „prophetische Fürbitte“ bedeutete.

Ich habe mich auf die Suche gemacht, um herauszufinden, was prophetische Fürbitte ist und inwiefern es mich betrifft. Als ich zu der „School of Ministry“ kam, suchte ich als erstes die Fürbitter auf. Als ich den Raum betrat, wo sie sich trafen, spürte ich etwas Andersartiges und Aufregendes. Ich wusste nicht, was es war, und doch wollte ich daran teilhaben. Bei meinem ersten Besuch in der Gruppe, teilen sich die Fürbitter in verschiedene Gruppen auf, um „für die Berge zu beten“. Ich hatte noch nichts davon gehört, dass man für die Berge beten kann. Was waren das für Berge? Wo waren diese Berge? Wie sollte das prophetische Fürbitte sein?

Später erfuhr ich, dass diese Berge sieben Einflussbereiche der Gesellschaft darstellten. Die Fürbitter beteten für diese „Berge“, denn sie beeinflussten die gesamte Gesellschaft. (Im Teil III dieses Buches findest du einen ganzen Abschnitt, der sich mit den „sieben Bergen der Einflussnahme“ beschäftigt.)

Kurz nach meinem ersten Besuch dieser Fürbittergruppe, erfuhr ich von einem Lehrgang über prophetische Fürbitte, den Marla Balm – eine Fürbitteleiterin der Bethel Church – halten wollte. „Jawohl“, dachte ich. „Dort kann ich über prophetische Fürbitte lernen.“ Ich war sehr gespannt.

Ich nahm an dem Lehrgang teil, ordnete mich Marla unter und recherchierte für mich persönlich das Prophetische. Gott fing an, die einzelnen Teile für mich zusammenzusetzen. Ich erkannte, was prophetische Fürbitte bedeutet: Gottes Stimme zu hören und das, was er sagt, in Gebete zu formulieren. Ich nahm weiter an Erkenntnis zu, und inzwischen arbeite ich bereits über sieben Jahre mit Marla zusammen. Ich lerne immer mehr über die unbegrenzte, stetig wachsende Welt der prophetischen Fürbitte. Ich bin Marla sehr dankbar für das, was sie mir über Jahre hinweg über prophetische Fürbitte gezeigt hat, und ich freue mich auf das, was Gott mit uns noch vor hat. Wir bleiben nie stehen, denn Gott tut unter uns immer wieder etwas Neues.

Vielleicht bewegst du dich bereits in der prophetischen Fürbitte, ohne es zu wissen, so wie ich vor Jahren. Möglicherweise ist das alles neu für dich. Es ist spannend und befriedigend zu wissen, dass man sich Gott nähern und erfahren kann, was sein Herz bewegt. Und er traut uns zu, das umzusetzen, was er uns sagt.

Dazu kommt noch: Je tiefer unsere Beziehung zu Gott wächst und je vertrauenswürdiger wir werden, desto mehr Verantwortung in der Fürbitte gibt er uns. Wir tun dann nicht nur für unsere Familien und Freunde Fürbitte, sondern für ganze Städte und Nationen. Er beruft uns dazu, prophetische Fürbitte für unsere Familien, für uns selbst und darüber hinaus zu tun, bis hin zur Transformation von Städten.

KAPITEL 4

PROPHETISCHE FÜRBITTE

Unkompliziert und für jeden

Wenn wir die beiden Definitionen von „Prophetie" und „Fürbitte" – die wir vorhin schon festgelegt haben – kombinieren, verstehen wir, was prophetische Fürbitte ist. Lass uns diese beiden Definitionen noch einmal ansehen:

Prophetie: Auf Gottes Herz hören und tun, was er sagt.

Fürbitte: Gottes Gegenwart betreten und aufrichtig um etwas für andere erbitten.

Wenn wir diese beiden Definitionen zusammensetzen, bekommen wir eine neue, spannende Definition für prophetische Fürbitte.

Prophetische Fürbitte: Gottes Gegenwart mit einem besonderen Anliegen zu betreten, auf sein Herz hören und tun, was er sagt.

Wow!

Die meisten von uns kennen diese Art zu beten nicht. Es ist ein neues Konzept, bei Gott nachzufragen, wofür wir beten sollen. Wir sind es gewohnt, unsere Anliegen vor Gott zu bringen und ihm zu erzählen, was er für uns tun soll. Prophetische Fürbitte sieht anders aus. Man fragt Gott, was sein Herz in einer Angelegenheit bewegt, und bringt anschließend die Eindrücke, die man bekommt, wieder im Gebet vor Gott.

So sieht es aus:

- Gottes Gegenwart betreten
- Ein Anliegen mitnehmen
- Gott um seinen Plan bitten
- Hören, was sein Herz bewegt
- Ihm seine Antworten im Gebet wieder vorlegen

James Goll schreibt: „Prophetische Fürbitte heißt nicht so sehr *zu Gott* zu beten, sondern eher *mit Gott* zu beten."[1] Das ist sehr einfach und fasst es für uns gut zusammen.

BITTGEBETE UND PROKLAMATIONEN

Da wir jetzt verstehen, was prophetische Fürbitte ist, wird uns ein neues Gebetsfeld eröffnet. Ich glaube, die meisten unserer Gebete sind entweder Bittgebete oder Gebete der Proklamation.

BITTGEBETE

Wir haben alle schon seit Jahren effektive Bittgebete gesprochen. Wir kommen vor Gott mit unseren Bitten und Anliegen und warten auf eine Antwort. Gott ehrt und erhört diese Gebete. Das Neue Testament gibt uns viele Beispiele von Bittgebeten. Hier ist ein wunderbares Bittgebet des Paulus:

> *Darum lasse auch ich, nachdem ich von eurem Glauben an den Herrn Jesus und von eurer Liebe zu allen Heiligen gehört habe, nicht ab, für euch zu danken und in meinen Gebeten an euch zu gedenken, dass der Gott unseres Herrn Jesus Christus, der Vater der Herrlichkeit, euch den Geist der Weisheit und Offenbarung gebe in der Erkenntnis seiner selbst, erleuchtete Augen eures Verständnisses, damit ihr wisst, was die Hoffnung seiner Berufung und was der Reichtum der Herrlichkeit seines Erbes in den Heiligen ist, was auch die überwältigende Größe seiner Kraftwirkung an uns ist, die wir glauben, gemäß der Wirksamkeit der Macht seiner Stärke.*
>
> (Eph 1,15-19)

Das war zu Paulus' Zeiten ein mächtiges Bittgebet und ist für uns heute ebenfalls ein großartiges Gebet. Gott hat es vor vielen Jahren gehört. Er erhörte es damals und erhört es heute noch, wenn wir es als Bittgebet sprechen.

GEBETE DER PROKLAMATION

Gott beruft uns zu einer weiteren Art des Gebets: das Gebet der Proklamation oder der Deklaration. Hier treten wir mit einem Anliegen vor Gott, bitten ihn darum, uns zu zeigen, was sein Herz über dieses Anliegen bewegt, und bringen ihm daraufhin unsere Eindrücke im Gebet. Im Prinzip heißt das, dass wir wegen eines Anliegens anderer auf Gottes Herz hören und tun, was er uns sagt.

Wir alle können wunderbare Ideen darüber haben, wie wir mächtig für andere Menschen und ihre Situation beten sollen. Ja, unsere Ideen sind vielleicht großartig. Doch ist es viel besser, wenn wir erfahren, was Gottes Pläne sind und was sein Herz bewegt. Er weiß, was eine Situation oder das Herz eines Menschen verändern kann. Noch mal: Es ist weise, wenn wir dem Beispiel Jesu im Gebet folgen:

> *Denn ich habe nicht aus mir selbst geredet, sondern der Vater, der mich gesandt hat, er hat mir ein Gebot gegeben, was ich sagen und was ich reden soll.* (Joh 12,49)

Das ist prophetische Fürbitte. Wir bitten unseren himmlischen Vater, uns zu zeigen, was sein Herz bewegt, und befolgen seine Anweisungen.

In meiner Gemeinde bin ich Teil des Gebetsteams und bete oft für Menschen. Ich stelle mich ihnen vor, höre zu, während sie mir erzählen, was in ihrem Leben gerade passiert, und oft zählen sie auf, wie ich für sie beten soll. Ich lege meine Hand auf ihre Schulter und bitte den Herrn, was er über sie sagt und was sein Herz für sie bewegt. Ich bete nie nach den Vorgaben der Menschen, denn ich weiß: Das, was das Herz des Vaters bewegt, ist die Antwort, die sie brauchen. Er ist ein liebender Vater und weiß, was das Beste für seine Kinder ist.

Oft teilt uns Gott ein Gebetsanliegen mit, ohne dass wir darum bitten. Er legt etwas aus seinem Herzen in unser Herz hinein. Wir erkennen, dass der Eindruck von Gott kommt, und bringen ihn wieder vor Gott im Gebet. Oft verstehen die Fürbitter die Gebete nicht, die sie beten sollen. Gerade dann ist es wichtig, genau hinzuhören, was Gott sagen will. Manchmal machen die Proklamationen und Gebete keinen Sinn für den Fürbitter. Oft wissen sie nicht einmal, was sie beten werden, bis sie ihren Mund öffnen. Wir müssen bereit sein, von Gott gebraucht zu werden – zu hören, was sein Herz bewegt, und ihm zu gehorchen.

David bietet uns ein hervorragendes Beispiel eines Gebets der Proklamation. Als David sich in Gottes Gegenwart aufhielt, schenkte ihm Gott ein Gebet der Proklamation für Jerusalem. Gott sagte David in Psalm 122, er solle für den Frieden Jerusalems beten: *„Bittet für den Frieden Jerusalems! Es soll denen wohlgehen, die dich lieben"* (Ps 122,6).

Und in den Versen 7-8 befiehlt Gott, Folgendes zu proklamieren: *„Friede sei in deinen Mauern und sichere Ruhe in deinen Palästen! Um meiner Brüder und Freunde willen sage ich: Friede sei in dir"* (Ps 122,7-8).

Prophetische Fürbitte bedeutet, Gott zu fragen, was sein Herz bewegt und seine Antwort daraufhin im Gebet vor ihn zu bringen.

Diese Verse – von denen wir wissen, sie stammen aus dem Herzen Gottes – stellen ein wunderbares Gebet der Proklamation dar:

> Ich proklamiere, dass Friede in Jerusalem sein wird – Friede in der Stadt, Friede in ihren Mauern und Friede für alle Brüder der Stadt. Ich proklamiere, dass Jerusalem voller Wohlstand sein soll. Ich proklamiere Frieden, Frieden, Frieden für alle, die dort wohnen. Im Namen Jesu.

Dies ist auch eine geniale Proklamation, die wir verwenden können, um Frieden und Wohlstand über unsere eigenen Städte zu verkünden.

EIN ZEUGNIS PROPHETISCHER FÜRBITTE

Vor über 30 Jahren, als ich noch nicht so lange Fürbitterin war, stellte mich der Herr mit einer Gruppe von erfahrenen Fürbittern zusammen. Sie waren alle mindestens 20 Jahre älter als ich und hatten schon viele Jahre Erfahrung in der Fürbitte. Wir waren fünf in der Gruppe und trafen uns einmal pro Woche, um für unsere 5.000 Mitglieder starke Gemeinde zu beten. Außerdem beteten wir für unsere Stadt, unseren Bundesstaat und für die Vereinigten Staaten von Amerika.

Diese Fürbitter investierten gerne in junge, unerfahrene Menschen, deren Herz für die Fürbitte schlug. Wenn ich über diese Zeit nachsinne, erkenne ich, dass ich damals keine Ahnung hatte, welche Schätze der Herr mir durch diese Fürbitter schenkte. Sie nahmen mich unter ihre Fittiche und zeigten mir Dinge über die Fürbitte, die der Zeit weit voraus waren. Unsere heutige Art der Fürbitte war damals vor so vielen Jahren eher unbekannt.

Als wir uns eines Tages zum Gebet trafen, sagte eine unserer Leiterinnen, sie hätte den Eindruck, wir sollten gar nicht beten. Das kam mir sehr komisch vor, denn deswegen waren wir ja zusammengekommen. Sie erzählte, der Herr hätte ihr gesagt, wir sollten etwas Anbetungsmusik leise abspielen, uns auf den Boden legen und einfach an ihn denken. Heute wird so etwas oft praktiziert – man nennt es „Verweilen in seiner Gegenwart“ (engl. „Soaking"). Doch damals vor 30 Jahren war das sehr ungewohnt. Ich erinnere mich, dass ich einen Frieden und eine Nähe zu Gott spürte, als ich der Musik lauschte, und ich lernte, vor dem Herrn still zu sein.

Dennoch hat mich die langjährige Erfahrung dieser Fürbitter eingeschüchtert, und ich fühlte mich minderwertig. Dieses Gefühl der Unzulänglichkeit stammte von meinen eigenen Unsicherheiten. Ich hatte solche Angst, meine Gebete wären nicht richtig, nicht gut genug oder einfach nicht sinnvoll. Das kommt dir vielleicht komisch vor, aber damals übte ich oft meine Gebete ein, bevor ich zum Gebetstreffen ging. Ich musste ungefähr 20 Minuten zur Gemeinde fahren, in der wir uns zum Gebet trafen. Sobald ich ins Auto stieg, sagte ich zu Gott: „Herr, ich habe solche Angst, dass meine Gebete nicht gut genug sind. Ich bitte dich, mir ein paar Gebete für heute Abend zu schenken." Dann öffnete ich meinen Mund und staunte, wie er mich mit wunderbaren Gebeten füllte. Ich dachte, „Wow, das ist wirklich toll. Das gefällt mir sehr!" Dann kam ich zum Gebetstreffen und wiederholte diese Gebete, die der Herr mir im Auto geschenkt hatte. Ich war so stolz auf mich. Ich wusste, meine Gebete sind gute Gebete, denn ich hatte sie vorher eingeübt. Damals verstand ich noch nicht, dass diese Gebete direkt aus dem Herzen Gottes kamen. Erst viele Jahre später erzählte ich meinem Gebetspartner von meinen „eingeübten Gebeten".Vor einigen Jahren erkannte ich dann, dass ich bereits damals prophetische Fürbitte gemacht habe. Ich hatte es nur nicht bemerkt und wusste nicht, dass es so genannt wird.

Wenn ich an diese Erfahrung zurückdenke, stehe ich in absoluter Ehrfurcht vor Gottes Plan. Alles was er tut, macht er ganz bewusst und mit einem großartigen Ziel für jeden von uns. Er bewirkt vieles im Stillen, in geheimen Orten. Dort formt er uns, damit wir seinen Plan erfüllen können, den er exklusiv für jeden von uns bereit hält. Wir können die Größe der Liebe Gottes für uns nicht begreifen oder verstehen, wie er die Pfade unseres Lebens ebnet. Ohne unser Wissen orchestriert er unser Leben, damit alles am richtigen Ort und zur richtigen Zeit geschieht. Er webt unsere Geschicke im Einklang mit seinen Plänen und Zielen. Durch prophetische Fürbitte haben wir das Vorrecht, uns mit dem Plan des Himmels einzuklinken. Und das fängt alles im geheimen Ort an. Dort formt er uns, um seinen exklusiven Plan für jeden von uns zu erfüllen.

KAPITEL 5

DER WELLEN-EFFEKT

Du kannst Generationen beeinflussen

Wenn wir die Geschichte betrachten, erkennen wir, dass der Gehorsam eines Menschen in Bezug auf die Berufung Gottes für sein Leben einen Wellen-Effekt haben kann, der sich weit und breit erstreckt und auf künftige Generationen positiv auswirkt.

Esther, zum Beispiel, riskierte ihr Leben und trat vor den König, um ihr Volk, die Juden, vor der Vernichtung zu bewahren. Ihr Handeln im Gehorsam setzte eine Serie von Ereignissen in Gang, und Hamans Verschwörung, die Juden auszulöschen, kam ans Licht. Esthers Gehorsam gegenüber Gott und ihr Auftreten vor dem König rettete die Nation, die heute Israel genannt wird – das jüdische Volk. Ihr Gehorsam veränderte den Geschichtsverlauf.

Ich möchte eine Geschichte weitergeben, die Pastor Bill Johnson erzählte, und die ich recherchiert und ergänzt habe.

Es geht um das Leben eines Mannes, der am Anfang des 20. Jahrhunderts gelebt hat. Sein Leben setzte eine Welle in Bewegung, die möglicherweise dich, mich und Tausende von weiteren Christen heute beeinflusst. Dieser Mann hieß Smith Wigglesworth (1859-1947). Er war für seinen großen Glauben bekannt, und außerdem für sein Mitgefühl, seinen Heilungsdienst, seine Freude und sein Lachen. Smith war ein Heilungsevangelist, der für viele Menschen betete. Die Heilungen und Transformationen von Menschenleben hat man seinem bedingungslosen Glauben an Gott zugeschrieben.

Ein bestimmter Mann, für den Wigglesworth gebetet hat, kennt man mittlerweile in charismatischen Kreisen sehr gut – John G. Lake. Lake war ebenfalls für seine mächtige, von Gott gegebene Heilungsgabe bekannt. Man hat über 100.000 bestätigte Heilungen durch seinen Dienst registriert. Viele Jahre lang diente Lake in Südafrika und baute dort Gemeinden auf, die heute noch aktiv sind.

Viele Jahre später besuchte ein junger Mann, der durch den plötzlichen Tod seines Bruders am Boden zerstört war, einen Gottesdienst in einer dieser von John G. Lake gegründeten Gemeinden in Südafrika. In seiner Trauer und großen Verzweiflung schrie er zu Gott. Gott berührte sein Leben und veränderte ihn für immer. Dieser Mann heißt Rodney Howard Brown. Gott führte Brown nach Amerika, um dort eine Erweckung einzuberufen. Durch den Wellen-Effekt, der ursprünglich bei Smith Wigglesworth begann, wurde John G. Lake zu einem der mächtigsten Heilungspredigern der modernen Zeit. Durch ihn wiederum wurde Rodney Howard Browns Leben verändert, und er zog nach Amerika.

Im Januar 1994 dehnte sich der Wellen-Effekt weiter aus und berührte einen Mann namens Randy Clark. Clark sehnte sich nach mehr von Gott und besuchte eine Versammlung von Rodney Howard Brown. Brown betete mehrmals für ihn. Einige Wochen später wurde Randy Clark eingeladen, in einer Gemeinde in Toronto, Kanada zu sprechen. Er wusste damals noch nicht, wie sehr die Gebete von Brown ihn bevollmächtigt hatten. Nach seiner Predigt am ersten Abend brach eine unerwartete Erweckung aus. Anfangs waren nur ein paar Menschen betroffen, doch die „Toronto-Erweckung" wuchs schnell, als immer mehr Christen davon hörten. Randy Clark blieb weitere zwei Monate in Toronto, und die Erweckung nahm weiter zu. Statt 120 Besuchern waren es mittlerweile über 1.000. Diese Toronto-Erweckung geht heute noch weiter und hat viele Gemeinden auf der ganzen Welt beeinflusst. Besucher haben dort die Einwirkung des Geistes eingefangen und mit nach Hause genommen, und die Erweckung breitete sich in ihren eigenen Gemeinden und Städten aus.

Meine Pastoren, Bill und Beni Johnson, sind zwei von den vielen Menschen, deren Leben bei der Toronto-Erweckung verändert wurden. Diese Veränderung hat unsere gesamte Gemeinde beeinflusst, einschließlich mir. Ich wiederum beeinflusse meine ganze Familie, bis hin zu den Enkelkindern.

Zahllose Menschenleben wurden verändert, seitdem Smith Wigglesworth damals für John G. Lake gebetet hat.

Der Wellen-Effekt begann mit einem Mann, der dem Ruf Gottes gehorchte, und geht heute weiter. Gott sucht weitere Menschen, die bereit sind, ihm ihr Leben hinzugeben und ihm zu folgen.

Keiner dieser erwähnten Menschen waren Gott wichtiger als du und ich. Sie waren lediglich treu und bereit, das zu tun, wozu Gott sie berufen hat.

Wie will Gott dich gebrauchen? Wozu hat er dich berufen? Bist du bereit, gehorsam zu sein? Wenn ja, wird ein Wellen-Effekt von deinem Leben aus in Gang gesetzt, der möglicherweise viele Generationen beeinflussen wird.

Ich bin begeistert, wenn ich sehe, wie Gott einen Menschen gebrauchen kann, um Generationen zu verändern. Er benötigt nur einen Menschen, der ja zu ihm sagt. Sag einfach ja zu Gott und passe auf, was er durch dein Leben alles verändern wird.

TEIL II

SIEBEN SCHLÜSSEL ZUR TRANSFORMATION

DIE PLÄNE DES
HIMMELS
FREISETZEN

SIEBEN SCHLÜSSEL ZUR TRANSFORMATION

Auf den folgenden Seiten findest du sieben Schlüssel, die Prinzipien der Zusammenarbeit mit Gott darstellen, um Transformation zu bewirken.

Als ich dieses Buch ursprünglich plante, sollten diese Schlüssel lediglich der Transformation von Städten gelten. Als ich jedoch diesen Teil des Buches schrieb, offenbarte mir Gott etwas Erstaunliches. Mir fiel wieder ein, was ich im ersten Kapitel geschrieben hatte: Veränderung beginnt mit einer persönlichen Transformation. Deswegen gelten diese Schlüssel nicht nur für die Transformation von Städten. Sie sind Schlüssel für Veränderungen in unserem persönlichen Leben. Es ist wichtig darüber zu lernen, wie diese sieben Schlüssel Veränderung in unserem Leben bewirken können.

Wenn du die folgenden Kapitel über die einzelnen Schlüssel liest, setze das Gelernte nicht nur für deine Stadt, sondern auch für dich persönlich ein. Wir sind der wichtigste Teil von Gottes Schöpfung, und er wartet nur darauf, dass jeder von uns in die Fülle dessen kommt, was er für uns geplant hat. Wenn du diese sieben Schlüssel anwendest, wirst du in deinem eigenen Leben Veränderungen bemerken und auch eine Transformation deiner Stadt erleben.

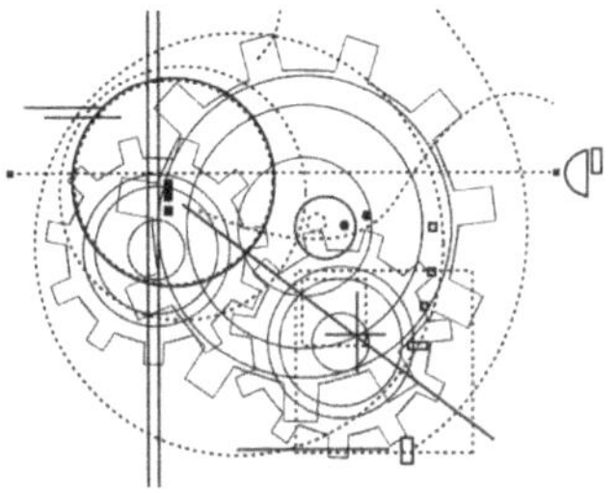

SCHLÜSSEL 1

DER GEHEIME ORT

Der erste und wichtigste Schritt, den wir tun können, ist es, eine persönliche Beziehung zu Gott zu entwickeln – zum Vater, zum Sohn und zum Heiligen Geist. Wer wir sind und wer wir sein werden, hängt sehr davon ab, wie wir Zeit in der Gegenwart des himmlischen Vaters verbringen. In dem Maß wie du eine intime Beziehung zu Gott entwickelst, wirst du anderen durch dein Leben dienen können. Tief verborgen in jeder Seele ist eine Sehnsucht, den eigenen Schöpfer zu kennen und eine Beziehung mit ihm zu haben. Diese Beziehung entsteht, wenn du Zeit allein in der Gegenwart deines Schöpfers verbringst. Das ist der geheime Ort.

Wie sieht ein geheimer Ort aus? Es mag ein physischer Ort sein, der still und frei von Ablenkungen ist. Doch das Wesen eines geheimen Ortes ist eigentlich die Zeit, die du für ein Treffen mit Gott reservierst. Es ist sehr wichtig, täglich Zeit mit unserem himmlischen Vater zu verbringen. Diese Zeit soll genauso selbstverständlich sein, wie das Aufstehen am Morgen.

Wir sollten nicht nur beten, wenn wir Nöte haben, Richtungsweisung brauchen oder in eine Krise geraten sind. Wir sind seine Kinder, und er liebt es, Zeit mit uns zu verbringen. Diese Zeiten mit ihm sind aber nicht nur für *uns* wichtig. *Er* sehnt sich danach, mit uns zusammen zu sein. Sein Herz schlägt dafür, jedem einzelnen von uns in der Stille zu begegnen. Im Hohelied lädt er uns ein, in seine Gegenwart zu kommen: *„Mein Geliebter beginnt und spricht zu mir: ‚Mach dich auf, meine Freundin, komm her, meine Schöne!'"* (Hld 2,10).

Der Herr wartet stets darauf, dass wir Zeit mit ihm verbringen. Er ist der Schöpfer des Universums, der König aller Ewigkeit und der Vater aller Menschen. Und doch lädt er dich und mich als seine Geliebten ein, uns mit ihm an einen stillen, geheimen Ort zurückzuziehen. Wir müssen uns nicht anstellen oder einen Termin vereinbaren, um mit ihm zusammen zu sein. Er benötigt nichts – ihm gehört schon alles. Er sehnt sich lediglich danach, dass wir in seine Gegenwart kommen. Gott ist ein guter Gott, und er ist nie zu beschäftigt, um Zeit mit uns zu verbringen. Wir sind seine Kinder, und er sehnt sich danach, mit uns zusammen zu sein.

Wer du bist und alles, was du sein wirst, fließt aus der Zeit, die du am geheimen Ort mit Gott verbringst.

Am geheimen Ort sollte man nicht mit einer Agenda oder einer Gebetsliste zu Gott kommen. Er kennt uns und unsere Nöte bereits, noch bevor wir sie vortragen: *„Denn euer Vater weiß, was ihr benötigt, ehe ihr ihn bittet“* (Mt 6,8b). Am geheimen Ort sollte man Zeit dafür nehmen, eine tiefere Beziehung zum Vater zu entwickeln.

Je näher du Gott kommst, desto stärker wird seine Gegenwart und Kraft in deinem Leben freigesetzt.

Jeder möchte, dass sein Dienst für Gott mächtiger und wirkungsvoller wird. Die meisten aber konzentrieren sich nicht auf das, was garantiert zum Erfolg führt: Gott näher kommen.

Unser himmlischer Vater verhält sich ähnlich wie irdische Väter im Umgang mit ihren Kindern. Im Herzen jedes irdischen Vaters ist der Wunsch, nicht nur seinen Kindern das zu geben, worum sie ihn bitten, sondern auch einfach Zeit mit ihnen zu verbringen und Spaß mit ihnen zu haben. Unser himmlischer Vater möchte das auch. Es hat mein Leben völlig verändert, Zeit alleine am geheimen Ort mit Gott zu verbringen. Ich werde nie wieder dieselbe sein. Je tiefer meine Beziehung zu ihm wird, desto besser geht es mir. Er möchte, dass wir ihn gut kennen: *„Seid still und erkennt, dass ich Gott bin; ich werde erhaben sein unter den Völkern, ich werde erhaben sein auf der Erde“* (Ps 46,11). Ich liebe es mittlerweile, in seiner Gegenwart zu verweilen.

Während deiner Zeit allein mit ihm wirst du eine tiefere Offenbarung über Gott und seine Liebe bekommen. Du wirst aber auch eine größere Offenbarung darüber erhalten, wer du in ihm bist. Wenn du ihm in der Stille deine Liebe schenkst, wird er diese Liebe in einer Art und Weise erwidern, wie du es noch nie erlebt hast. Seine Gegenwart begleitet dich auch dann, wenn du nicht mehr alleine mit ihm bist. Unsere tiefste Sehnsucht sollte es sein, ihn zu kennen, wie er ist – seinen Charakter, sein Wesen, seine Eigenschaften. Er definiert sich nicht nur durch das, was er tut und bewirkt.

Vielleicht denkst du gerade: Was hat das alles damit zu tun, dass meine Stadt und andere Städte dieser Welt transformiert werden? Nun, eigentlich hat der geheime Ort alles mit Transformation von Städten zu tun.

Der erste Schlüssel zur persönlichen Veränderung und Transformation von Städten ist, dass man Zeit am geheimen Ort verbringt und eine Beziehung zu Gott aufbaut. Ohne diesen Schlüssel funktionieren die anderen Schlüssel nicht. Ihn brauchst du zuerst, um deine Stadt und dein Leben zu bereichern und zu transformieren. Er schließt dir Türen auf, damit du deine persönliche Berufung erfüllen kannst und deine Stadt transformiert wird. Er ist auch der erste Schritt zur Erfüllung deiner persönlichen Berufung und zur Transformation deiner Stadt.

Bevor wir an der Transformation unserer Städte teilhaben können, müssen wir dem Herrn erlauben, unsere Gedankenwelt und unser Leben zu verändern. Wenn wir für Veränderung aufgeschlossen sind, wird uns der Herr von innen heraus transformieren. Dann kann er uns uneingeschränkt Aufgaben geben und ohne Grenzen in Orte führen, die er uns aufs Herz legt.

Vielleicht fragst du dich gerade: Wie gebrauche ich diesen Schlüssel? Das habe ich mich auch vor ein paar

Jahren gefragt. Zeit mit Gott an einem geheimen Ort zu verbringen, ist inzwischen eine meiner Lieblingsbeschäftigungen. Es ist sogar das wichtigste Ereignis meines Lebens geworden. Mein Ziel und meine Sehnsucht ist es, jeden Tag am geheimen Ort Zeit mit ihm zu verbringen. Ich schaffe es nicht immer, denn manchmal meine ich, nicht genug Zeit zu haben. Und wenn du nur 10 bis 15 Minuten freie Zeit hast, reserviere diese Zeit, um dich mit ihm zu treffen. Wenn ich so beschäftigt bin und einige Tage vergehen, ohne diese Zeit mit ihm zu verbringen, merke ich das spürbar in meinem Leben. In seiner Gegenwart zu verweilen, bringt Leben. Ich liebe es, Zeit mit meinem himmlischen Vater zu verbringen.

Dieser erste Schlüssel ist ein großartiger, ewiger Schatz, der dir anvertraut wurde. Wache über deinen geheimen Ort und gib ihn nie auf. Lass zu, dass Gott dir dort Leben einhaucht.

DEIN GEHEIMER ORT

Es gibt keine Formeln, Regeln oder Anweisungen, wie dein geheimer Ort aussehen soll. Die Zeit, die du mit deinem himmlischen Vater verbringst, ist eine Zeit für euch beide allein. Ein geheimer Ort kann irgendeine Gegend sein, wohin du gehst, um Zeit alleine mit Gott zu verbringen. Er kann jeden Tag der gleiche Ort sein oder häufig wechseln. Er könnte dein Wohnzimmer, deine Terrasse, eine Kapelle oder eine Parkbank sein. Der Ort ist unwichtig. Es ist nur wichtig, dich alleine mit Gott zu treffen.

Ich mag die verschiedenen Jahreszeiten, und mein geheimer Ort wechselt oft mit ihnen. Im Frühling ist die

Terrasse mein geheimer Ort. Gott drückt sich im Frühling so herrlich durch seine Schöpfung aus. Ich liebe diese Jahreszeit, weil sie eine Zeit der Neuanfänge und des hervorsprießenden Lebens ist. Ich spüre gerne die Wärme der Sonne auf meinem Gesicht, während eine sanfte Brise durch mein Haar bläst. Es ist, als würde der Herr seine Liebe über mich ausgießen. Ich fühle mich so warm und gemütlich. Ich höre gerne den Vögeln zu, wie sie die Ankunft des Frühlings ankündigen. Sie sind damit beschäftigt, Stöcke und Äste zu sammeln, damit sie ein Nest bauen können, worin sie ihre Eier legen und ihre Küken ausbrüten. Neues Leben sprießt überall hervor, und Blumen blühen in strahlenden Farben, um den Frühling anzukündigen. Die Zeit an meinem geheimen Ort ist im Frühling etwas Besonderes. Ich sehe, fühle und höre den Herrn durch seine Schöpfung.

Wo immer du einen Ort findest, um Zeit mit deinem Vater zu verbringen – das ist dein geheimer Ort. Gott ist schon da und wartet auf dich.

EINE ÜBUNG – KOMM MIT ZU MEINEM GEHEIMEN ORT

Ich möchte dich zu meinem geheimen Ort einladen. Obwohl die Zeit, die ich dort mit Gott verbringe eigentlich nur ihn und mich etwas angeht, möchte ich dir einen Einblick geben, wie diese Zeit aussehen kann. Deine Zeit mit ihm wird aber vermutlich anders ausfallen, als meine.

Freue dich auf die Zeit, die wir mit ihm verbringen werden. Er ist schon da und wartet auf uns. Bist du genauso glücklich und gespannt wie ich? Heute ist mein Wohnzimmer mein geheimer Ort. Das ist einer meiner Lieblingsorte. Er ist abgelegen und sehr ruhig. Komm bitte herein. Kannst du den wunderbaren Frieden spüren? Schau geradeaus durch die großen Fenster. In der Ferne kannst du durch die hohen Pinien, die um mein Haus herum wachsen, meine Stadt erkennen. Hier bete ich gerne für meine Stadt, besonders nachts, wenn ihre Lichter wie Sterne fern oben am Himmel funkeln. Mein Wohnzimmer ist immer ein friedvoller Ort, und ich fühle mich oft hierhin gezogen. Fühl dich wie zu Hause. Du darfst dich auf mein weiches Sofa setzen, oder auf einen der bequemen Liegesessel. Meistens sitze ich im Liegesessel oder lege mich auf den Fußboden. Auf dem Boden liege ich am liebsten, also werde ich mich jetzt hinlegen. Du darfst dich hinsetzen, wo immer du willst. Mach es dir bequem, schließ deine Augen und entspanne dich.

Manchmal habe ich es an meinem geheimen Ort gerne ganz still, damit ich den Wind blasen und die Vögel singen hören kann. Ein anderes Mal höre ich gerne leise Musik im Hintergrund. Heute lege ich eine CD mit instrumentaler Anbetungsmusik ein. Wir können der Musik im Hintergrund lauschen, während wir Zeit mit dem Herrn verbringen. Entspanne dich einfach und höre der Musik zu, dann will ich dir noch einiges erzählen.

Der Herr liebt kleine Kinder und sagt, man soll wie ein kleines Kind werden, wenn man in sein Reich hineinkommen will. Ein Kind ist unschuldig, rein und voller Freude. Es ist vertrauensvoll, ungezwungen und voll des Lebens. Gott liebt es, wenn wir wie Kinder zu ihm kommen. „*Wahrlich, ich sage euch: Wer das Reich Gottes nicht annimmt wie ein Kind, wird nicht hineinkommen*" (Mk 10,15).

Heute wollen wir wie kleine Kinder zu ihm kommen.

ANBETUNG AM GEHEIMEN ORT

Wir sind überrascht zu erfahren, dass Gott nur darauf wartet, Zeit mit uns zu verbringen. Er sehnt sich danach, dass wir uns ihm nahen, damit er sich uns nahen kann. Ich glaube, der Psalm 100 zeigt auf, was Gottes Herz bewegt und erklärt uns, wie wir in die Gegenwart des Herrn treten sollen:

> *Jauchzt dem Herrn, alle Welt! Dient dem Herrn mit Freuden, kommt vor sein Angesicht mit Jubel! Erkennt, dass der Herr Gott ist! Er hat uns gemacht, und nicht wir selbst, zu seinem Volk und zu Schafen seiner Weide. Geht ein zu seinen Toren mit Danken, zu seinen Vorhöfen mit Loben; dankt ihm, preist seinen Namen!*
> (Ps 100,1-4)

Das ist eine herrliche Art und Weise, in die Gegenwart des Königs zu treten. Es ist einfach, dankbar zu sein, denn Gott hat uns mit unermesslichem Segen überschüttet. Aus einem Herzen der Dankbarkeit fließen automatisch Loblieder. Wenn wir ihn loben, treten wir in eine tiefe Anbetung hinein und sind still in seiner ununterbrochenen, herrlichen Gegenwart.

Nun ist es Zeit, völlig still vor ihm zu werden und uns auf ihn zu konzentrieren. Das ist sehr einfach und gar nicht schwer. Wir legen alle anderen Gedanken zur Seite. Die Sorgen der Welt fallen weg. Wenn deine Gedanken abschweifen, mach dir nichts daraus, denn das passiert gelegentlich jedem. Denke einfach an den Herrn und schenke ihm deine Aufmerksamkeit. Wenn mir das passiert, flüstere ich die Worte „Heilig, heilig, heilig", und werde dadurch wieder in seine Gegenwart zurückgeführt. Du wirst es als ein Vergnügen empfinden, in seiner Gegenwart zu sein, und wirst sie nie verlassen wollen.

Versuchen wir's doch mal. Werde still und entspann dich. Erwarte Großes und richte dein Herz, deine Gedanken und deinen Sinn auf ihn. Kannst du seine Gegenwart spüren? Er ist hier!

Er kennt dich bereits. Jetzt bist du dran, ihn besser kennenzulernen. Betrete diesen tiefen, intimen Ort mit ihm und fange an, seine große Liebe wahrzunehmen. Je mehr Zeit du in seiner Gegenwart verbringst, desto vertrauter wird er dir. Im Geist wird er dich nah an sein Herz ziehen, wo du von seiner großen Liebe eingehüllt wirst.

Je mehr Zeit du mit ihm verbringst, desto mehr zeigt er sich dir. Wenn du deine kostbare Beziehung zu ihm weiterentwickelst, wird er dich noch näher an sein Herz ziehen. Er offenbart dir das, was sein Herz bewegt und teilt dir seine Gedanken mit. Eure Herzen werden eins.

Die Zeit wird so heilig sein, dass du dich gar nicht bewegen willst. Du wirst es kaum wagen, zu atmen, denn du möchtest seine Gegenwart nicht verlieren. Kuschle dich jetzt aufs Sofa. Lass uns still sein und seine Liebe und Gegenwart aufsaugen. Nimm dir soviel Zeit, wie du willst.

***

Ich hoffe, deine Zeit mit mir an meinem geheimen Ort hat dir gefallen. Übrigens, es ist völlig in Ordnung, wenn du dabei einschläfst. Das passiert jedem einmal. Du bist trotzdem in seiner Gegenwart, und er liebt dich auch wenn du schläfst.

Finde deinen eigenen geheimen Ort, um Zeit mit Gott zu verbringen. Er ist schon dort und wartet auf dich.

MÄNNER GOTTES, DIE ZEIT IN GOTTES GEGENWART VERBRACHTEN

Josua

Für viele Menschen aus der Bibel war es sehr wichtig, Zeit alleine in Gottes Gegenwart zu verbringen. Wir wissen alle von Mose und seiner Zeit in Gottes Gegenwart. Mose gab den Kindern Israels ein großartiges Beispiel mit der Art und Weise, wie er Zeit mit Gott verbrachte. Josua, der Diener von Mose, wurde durch ihn als sein Vorbild zweifellos beeinflusst.

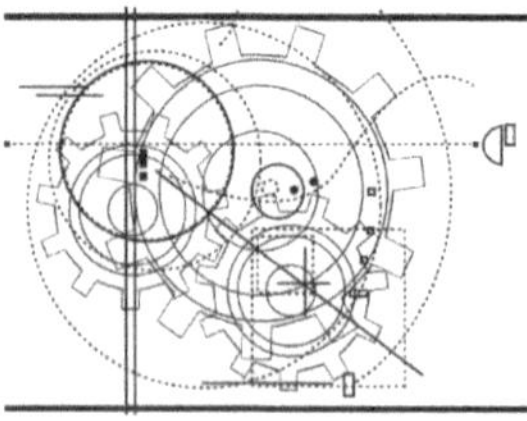

Während deiner Zeit alleine mit Gott wirst du eine größere Offenbarung seiner Liebe erfahren und stärker erkennen, wer du in ihm bist.

Josua ist ein weiteres Beispiel eines Menschen im Alten Testament, der Gottes Gegenwart suchte. Er begleitete Mose vermutlich überall hin, wo er ging. Als Mose sich mit Gott traf, war Josua gewiss in der Nähe und spürte die Gegenwart des Herrn.

Da machte sich Mose auf samt seinem Diener Josua, und Mose stieg auf den Berg Gottes. Zu den Ältesten aber hatte er gesagt: Erwartet uns hier, bis wir wieder zu euch kommen. (2 Mo 24,13-14a)

Josua war gerne in Gottes Gegenwart, und nutzte jede Gelegenheit dazu. Bevor die große Stiftshütte gebaut wurde, stellte Mose ein Zelt weit außerhalb des Lagers auf. Gott kam herunter und traf sich dort mit Mose. Mose ging in das Zelt, und Josua wartete draußen. Als Mose hineinging, stieg die Wolkensäule herab und blieb am Eingang. Dort traf sich Mose mit Gott, um mit ihm zu reden. Als er fertig war, ging Mose zurück zum Lager, doch Josua war von der Herrlichkeit Gottes so eingenommen, dass er am Zelt blieb und die Gegenwart Gottes nicht verließ.

Und der Herr redete mit Mose von Angesicht zu Angesicht, wie ein Mann mit seinem Freund redet; und er kehrte wieder ins Lager zurück. Aber sein Diener Josua, der Sohn Nuns, der junge Mann, wich nicht aus dem Inneren des Zeltes. (2 Mo 33,11)

Josua war von der Gegenwart des Herrn so überwältigt, dass er nicht zum Lager zurück wollte. Josuas geheimer Ort war vor dem Zelt.

Die Bibel erzählt weiter aus dem Leben Josuas. Er war der Mann, den Gott erwählte, an Moses Stelle die Kinder Israels in das verheißene Land zu führen. Josuas Leben begann als Sklave in Ägypten. Er war dabei, als Mose die Israeliten durch ein Wunder auf trockenem Boden durch das Rote Meer führte. In der Bibel steht, dass Josua ein Diener Mose war und auch, dass Gott ihn sogar seinen eigenen Diener nannte. Die Kinder Israels wanderten durch die Wüste und kamen nicht in das verheißene Land, weil sie Gott nicht folgten. Von den Tausenden, die mit Mose aus Ägypten flohen, durften nur zwei Männer das verheißene Land betreten: Josua und Kaleb. Gott sagte, sie seien die einzigen, die ihm gefolgt sind. Nachdem Mose starb, wählte Gott Josua aus, um die Kinder Israels in das verheißene Land hineinzuführen.

Das verheißene Land war voll von Stämmen, die besiegt werden mussten. Bevor die Israeliten das Land betraten, hatte Gott versprochen, mit ihnen zu sein und vor ihnen her zu gehen. Als Josua den Herrn suchte und Zeit in seiner Gegenwart verbrachte, schenkte ihm der Herr Kriegspläne und Strategien für die Eroberung der verschiedenen Stämme. Diese „Blaupausen" waren jedes Mal anders. (Jos 10,12-13)

Wir alle kennen die Geschichte von der Schlacht um Jericho. Der Herr sagte zu Josua, er hätte ihm Jericho samt König und allen mächtigen Männern in seine Hand gegeben. Josua befolgte die Anweisungen des Herrn völlig. Die Kriegsmänner sollten zuerst um die Stadt ziehen, gefolgt von den sieben Priestern, die in sieben Schopharhörner blasen sollten. Die Bundeslade sollte danach folgen. Die Israeliten wurden angewiesen, diese Umkreisung einmal täglich, sechs Tage lang zu wiederholen. Währenddessen sollten alle ganz still sein. Am siebenten Tag sollten sie die Stadt sieben Mal umkreisen. Wenn sie die Stadt zum siebenten Mal umkreist hatten, sollten die Priester einmal lang in die Schopharhörner blasen. Josua sprach zum Volk: *„Erhebt ein Kriegsgeschrei; denn der Herr hat euch die Stadt gegeben"* (Jos 6,16b). Das Volk schrie, die Mauern stürzten in sich zusammen und die Israeliten nahmen die Stadt ein. Sie brachten das Gold und Silber der Stadt in die Schatzkammer des Herrn und brannten die Stadt nieder.

Ein anderes Mal schickte der Herr große Hagelsteine, um den Feind zu besiegen. Noch ein anderes Mal sprach Josua zu der Sonne und zum Mond, dass sie einen ganzen Tag still stehen sollten, damit sich die Israeliten an ihren Feinden rächen konnten (Jos 10,12.14). Gott verbrachte viele weitere Eroberungen und Siege durch Josua, einen treuen Mann, der Gott folgte und gerne in seiner Gegenwart war. Könnte es sein, dass die Siege im Leben von Josua auf seine Zeit zurückzuführen sind, die er am geheimen Ort mit Gott verbracht hat?

Du und ich können ein siegreiches Leben führen. Der Sieg beginnt am geheimen Ort.

Jesus

Jesus ist das größte Beispiel eines Menschen, der Zeit alleine mit Gott verbrachte. Er zog sich oft an einen ruhigen, abgelegenen Ort zurück, um mit seinem Vater zusammen zu sein. Während dieser Zeiten näherte er sich Gott, und sie verbrachten Stunden miteinander. In der Bibel steht immer wieder, dass Jesus sich von seinen Jüngern und vom Volk absonderte, um alleine mit seinem Vater zu sein und zu beten:

> *Und nachdem er die Menge entlassen hatte, stieg er auf den Berg, um abseits zu beten; und als es Abend geworden war, war er dort allein.* (Mt 14,23)

Und am Morgen, als es noch sehr dunkel war, stand er auf, ging hinaus an einen einsamen Ort und betete dort. (Mk 1,35)

Es geschah aber in jenen Tagen, dass er hinausging auf den Berg, um zu beten; und er verharrte die Nacht hindurch im Gebet zu Gott. (Lk 6,12)

Ich hoffe, du hast erkannt und verstanden, wie wichtig es ist, dich an einen ruhigen, geheimen Ort zurückzuziehen, um mit Gott alleine zu sein. Er sehnt sich so sehr danach, mit uns eine tiefe, intime Beziehung zu haben. Diese Beziehung entsteht durch die Zeiten, die wir alleine mit ihm verbringen. Hier ist mein Lieblingsvers, der vom geheimen Ort spricht:

Wer unter dem Schirm des Höchsten sitzt, der bleibt unter dem Schatten des Allmächtigen. Ich sage zu dem Herrn: Meine Zuflucht und meine Burg, mein Gott, auf den ich traue! Er wird dich mit seinen Fittichen decken, und unter seinen Flügeln wirst du dich bergen. (Ps 91,1-2;4a)

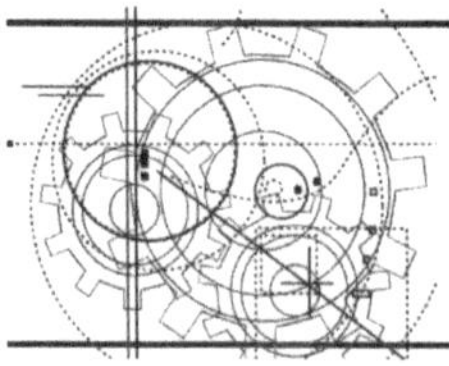

Vertraue auf die stille, leise Stimme, die dich zum geheimen Ort einlädt. Sei still und leise. Höre zu.

Der Vater sehnt sich nach Gemeinschaft mit dir. Er winkt dir zu, dass du zum geheimen Ort kommst. Lass alles hinter dir und verbringe Zeit mit ihm. Er wartet auf dich. Gerade jetzt, wo auch immer du bist, neige ihm dein Herz zu und lass dich von ihm in seine Gegenwart hineinziehen.

SCHLÜSSEL 2

IM GEIST EINNEHMEN

Hast du schon jemals etwas erlebt, von dem du meintest, es sei nebensächlich, nur um später zu erkennen, dass es dein Leben verändert hat? Ich hätte nie gedacht, dass das Konzept „etwas im Geist einzunehmen“ ein Leben verändern könnte. Doch es passierte – es hat *mein* Leben verändert.

„Im Geist einnehmen“ ist der zweite Schlüssel zur persönlichen Veränderung und Transformation von Städten. Wenn du dich selbst und deine Stadt im Geist einnimmst, wird sich dein Leben ganz bestimmt verändern. Und es wird eine wunderbare und positive Veränderung sein.

Wie ich bereits erwähnt habe, zogen mein Mann Ben und ich nach Redding, Kalifornien, um an der „Bethel School of Supernatural Ministry“ teilzunehmen. Das war damals im Jahr 2005. Unser Plan war es, die Schule zwei Jahre lang zu besuchen und dann weiter dorthin zu ziehen, wohin Gott uns führt.

Wir wohnen heute immer noch in Redding. Ich bin so dankbar, dass Gottes Pläne für uns soviel besser sind als unsere eigenen. Hier ist noch ein Lieblingsvers von mir:

> *Denn ich weiß, was für Gedanken ich über euch habe, spricht der Herr, Gedanken des Friedens und nicht des Unheils, um euch eine Zukunft und eine Hoffnung zu geben.* (Jer 29,11)

Die Message-Bibelübersetzung drückt das großartig aus:

> *Ich weiß, was ich tue. Ich habe schon alles geplant. Ich habe Pläne, mich um dich zu kümmern und dich nicht im Stich zu lassen, Pläne, dir die Zukunft zu schenken, auf die du hoffst.* (Jer 29,11 – Übersetzung der englischen Version „The Message")

Ich bin sehr dankbar für einen wunderbaren, liebenden himmlischen Vater, der sich um mein Leben kümmert. Ich weiß, seine Pläne sind besser als alles, was ich auf eigene Faust tun könnte. Wenn ich ihm vertraue, wird er mir Gutes zuteilwerden lassen.

Während unseres ersten Monats an der „Bethel School of Supernatural Ministry" sprach Beni Johnson, die Frau unseres Pastors, zu der Klasse. Ich war gespannt, denn Beni ist eine Fürbitterin, und ich wollte diese Schule besuchen, um mehr über meine Berufung als Fürbitterin zu lernen. Benis Lehre für unsere Klasse an jenem Tag werde ich nie vergessen. Was sie lehrte, war revolutionär und veränderte mein Leben für immer. Sie sprach über das „Einnehmen im Geist". Sie forderte uns auf, die Stadt Redding während der Zeit, in der wir dort wohnten und zur Schule gingen, im Geist einzunehmen. Plötzlich wusste ich tief in mir, dass Redding meine Stadt war. Das Konzept, etwas im Geist einzunehmen, war mir vorher nie in den Sinn gekommen. Ich liebte meine vorigen Wohnorte sehr und betete viel für sie – für meine Stadt, meinen Landkreis, meinen Bundesstaat und mein Land –, doch hatte ich sie nie „im Geist eingenommen". Ich hatte nie überlegt, sie könnten mir gehören, darum habe ich mich nicht für sie verantwortlich gefühlt.

Nimm deine Stadt im Geist ein. Betrachte sie als dein Eigentum. Sie ist deine Stadt, sie gehört dir.

Ein paar Tage lang dachte ich darüber nach, was Beni über „im Geist einnehmen" lehrte. Es war für mich eine neue Offenbarung, und ich wusste tief in mir, diese Wahrheit sollte in meinem Leben Realität werden. Während einer Gebetszeit mit dem Herrn sagte ich: „Herr, ich nehme Redding, Kalifornien im Geist ein. Diese Stadt gehört während dieses Abschnitts meines Lebens mir. Ich nehme außerdem den Landkreis Shasta und den Bundesstaat Kalifornien im Geist ein." Nachdem ich das ausgesprochen hatte, fühlte ich einen tiefen Frieden in meinem Herzen und war davon überzeugt, dass Redding, der Landkreis Shasta und ganz Kalifornien nun mein Land und mein Volk waren.

Sobald ich sie einnahm, schaltete sich etwas in mir um. Ich empfing Vollmacht – geistliche Vollmacht – über meine Stadt. An jenem Tag veränderte sich mein Leben für immer, und wenn ich jetzt für meine Stadt, meinen Landkreis und meinen Bundesstaat bete und sehe, wie sie transformiert werden, verändert mich das noch mehr. Ich hätte nie ahnen können, wohin mich diese Entscheidung, sie im Geist einzunehmen, führen würde. Jetzt blicke ich voller Erwartung in die Zukunft und bin gespannt, was der Herr tun wird. Folgende Definitionen helfen dir, die Begriffe „im Geist einnehmen" und „Vollmacht" zu verstehen:

Im Geist einnehmen: etwas als sein Eigentum anzuerkennen; erkennen, dass man auf etwas einen Gesamtanspruch hat; Vollmacht, Kraft und Herrschaft.

Vollmacht: amtliche Macht besitzen; die Macht, im Namen eines anderen zu handeln; amtliche Erlaubnis, etwas auszurichten.[1]

Gemäß diesen Definitionen habe ich den Gesamtanspruch auf meine Stadt geltend gemacht. Dies verlieh mir Vollmacht, Kraft und Herrschaft über sie. Gott gab mir Vollmacht, als ich die Stadt im Geist einnahm. Das war eine überwältigende Verantwortung, und ich nahm sie ernst. Es ist schwer zu erklären, doch in dem Moment spürte ich innerlich eine gewaltige Veränderung in meiner geistlichen Umgebung.

Ich fing an, ganz alleine Gebetsspaziergänge durch meine Stadt zu machen. Wenn ich im Auto unterwegs war, betete ich für die Geschäfte, Schulen, Gemeinden und alle anderen Gebäude, an denen ich vorbeifuhr. Als ich die Stadt im Geist einnahm, bekam ich eine Liebe und Leidenschaft für meine Stadt, die ich vorher nicht hatte. Ich spürte eine große Verantwortung für sie zu beten. Das war viel mehr als nur eine gute Idee.

Ich habe eine unnachgiebige Leidenschaft, zu sehen, wie meine Stadt, mein Landkreis und mein Bundesstaat ihre Bestimmungen erfüllen. Tief in mir ist eine überwältigende Sehnsucht, durch die Straßen zu gehen und zu beten. Und ich weiß: Das, was ich über meine Stadt bete und deklariere, macht einen Unterschied.

In der „Bethel School of Supernatural Ministry" leite ich Einsatzteams von prophetischen Fürbittern. Alle Mitglieder der Teams nehmen die Stadt im Geist gerne ein. Sie beten, handeln sehr intensiv und haben große Vollmacht und einen starken Einfluss auf die Stadt. Wir gehen ganz bewusst jede Woche durch Redding spazieren und sprechen vollmächtige Proklamationen und Gebete über sie aus. Gott hat schon vieles getan, und wir spüren zunehmend wie ein wunderbarer Friede in unserer Stadt heranwächst.

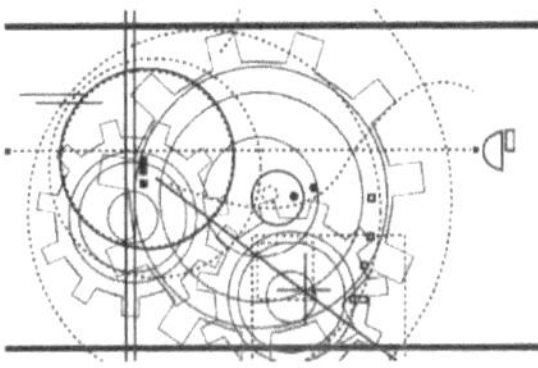

Wenn du etwas im Geist einnimmst, wirst du an Orte geführt, die jenseits deines Fassungsvermögens sind.

BETRACHTE DEINE STADT ALS EINEN WUNDERSCHÖNEN GARTEN

Gartenarbeit ist eine meiner Lieblingsbeschäftigungen. Ich kümmere mich gerne um alle möglichen Arten von Blumen und eine Vielzahl von Gemüsesorten.

Ein Garten entsteht nicht über Nacht. Ein erfolgreicher Garten benötigt Zeit, Planung und harte Arbeit. Es ist wichtig, dass du deinen Garten „im Geist einnimmst". Es genügt nicht, Samen im Laden einzukaufen und sie willkürlich auf den Boden zu streuen.

Ein herrlicher, ertragreicher Garten fängt bei der Planung an. Überlege erstmal, was du überhaupt anpflanzen möchtest. Wird es in deinem Klima überhaupt gedeihen? Wann ist die beste Zeit zu säen? Wie muss der Boden vorbereitet werden?

Wenn du noch nie zuvor einen Garten angelegt hast, muss ich dir verraten: Du hast eine Menge Arbeit vor dir. Der Boden muss vorbereitet werden, bevor du die Saat aussähst oder Sprösslinge setzt. Vielleicht bedecken Weinranken oder hässliches Unkraut den Boden, so dass du ihn gar nicht sehen kannst. Diese musst du an den Wurzeln anpacken und ausreißen, sonst kommen sie wieder. Auch Stöcke und Steine, die sich unter den Wurzeln befinden, müssen entfernt werden. Durch eine dichte Vegetation oder einen steinigen Boden wächst die Saat nur schwer, weil sie kein Sonnenlicht bekommt.

Es ist schwere Arbeit, einen Boden für deinen Garten freizumachen, doch wenn du das tust, schaffst du eine wunderschöne, gesunde Umgebung, in der deine Samen und Pflanzen wachsen können. Wenn du erst einmal den Boden vorbereitet hast, kannst du anfangen, entsprechend deinem Plan zu säen und zu pflanzen.

Als ich meinen Garten angelegt habe, plante ich vorher, wo ich die verschiedenen Gemüsesorten pflanzen wollte. Zwischen die Gemüsepflanzen setzte ich bestimmte Blumensorten ein, die dem Gemüse nützlich sein würden.

Ich erstellte sogar einen farbigen Entwurf, auf dem ich die Anordnung der Pflanzen festhielt.

Nachdem du die Saat gesät hast, wirst du mit Genugtuung beobachten können, wie sie zu wachsen beginnt. Manches wächst schneller, manches langsamer. Manche Pflanzen gedeihen besser als andere. Mir macht es großen Spaß, das Gemüse, das ich eingepflanzt habe, zu ernten und es für meine Familie zuzubereiten. Dieses Endergebnis begann, als ich meinen Garten im Geist einnahm.

Wenn du sehen willst, wie deine Stadt verändert wird und zu einem herrlichen Garten heranwächst, dann nimm sie zunächst im Geist ein. Danach musst du sie durch viel Fürbitte und Gebet kultivieren.

GEBETE UND DEKLARATIONEN VERÄNDERN EINE KNEIPE

Die Leiterin unseres Einsatzteams der prophetischen Fürbitte hatte den Eindruck, ihr Team sollte jede Woche vor einer örtlichen Kneipe beten. Ihre Mitbewohnerin ging im Rahmen eines Einsatzes der Gemeinde, den man „Friday Night Strikes“ nannte, regelmäßig in diese Bar. Das Gebetsteam nahm die Kneipe im Geist ein und betete dafür. Einmal pro Woche gingen die Fürbitter nachmittags zur Kneipe und beteten, bevor sie aufmachte. Sie beteten und deklarierten Errettung, Heilung und Gunst für das „Friday Night Strikes“-Team. Sie segneten außerdem die Besitzer der Kneipe, die Angestellten und jeden, der über die Türschwelle gehen würde. Sie beteten nur positive Gebete.

Nach kurzer Zeit erlebte das „Friday Night Strikes"-Team große Gunst in der Kneipe. Der Barkeeper freute sich, sie zu sehen, obwohl sie nur alkoholfreie Getränke bestellten. Er bemerkte, dass sie eine besondere Aura, eine mächtige Präsenz besaßen. Er spürte etwas Besonderes an ihnen und hieß sie willkommen. Seitdem haben viele Menschen in der Kneipe ihr Leben Jesus übergeben, und es gab einige Heilungen. Ein junger Mann wurde errettet und getauft und meldete sich für die „School of Ministry" an. Inzwischen ist er ein Kneipen-Evangelist. Und das ist noch nicht alles. Einige Jahre später machte diese Kneipe zu und aus ihr wurde ein Jugendclub.

Wenn du sehen willst, wie deine Stadt verändert wird und zu einem herrlichen Garten heranwächst, musst du sie zunächst im Geist einnehmen.

Ja, ich glaube, das ist alles passiert, weil eine Gruppe von Fürbittern leidenschaftlich genug war, ihre Stadt im Geist einzunehmen und für diese bestimmte Kneipe zu beten. Sie haben geglaubt, dass Gott diese Kneipe durch ihre Gebete und Proklamationen transformieren würde, und das hat er auch getan.

Willst du Teil daran haben, dass deine Umgebung transformiert wird? Wie lange wirst du in deiner Stadt leben, bevor du sie im Geist einnimmst? Lass dich durch nichts aufhalten. Nimm deine Stadt im Geist ein. Nimm sie dir – sie gehört dir! Wenn du sie im Geist einnimmst, wird Gott dein Leben verändern und deine Stadt transformieren.

EINE GROSSE STADT IM GEIST EINNEHMEN

Einer meiner Lieblinge im Alten Testament ist Nehemia. Sein Leben ist ein ausgezeichnetes Beispiel für das, was passieren kann, wenn Gott ein tiefes Erbarmen für eine Stadt ins Herz eines Menschen legt, und er sie dann im Geist einnimmt. Nehemia lebte ca. 440 v. Chr. in Persien. Seine Geschichte lesen wir in Nehemia 1-6.

Nehemia liebte Jerusalem, die Stadt seiner Vorfahren. Als Nebukadnezar Jerusalem eroberte, wurde Nehemia mit vielen weiteren Juden festgenommen. Sie wurden aus Jerusalem herausgerissen und zu verschiedenen Königen in die Sklaverei geschickt. In dieser Zeit sollte Nehemia dem König Artasastas als Sklave dienen, und weil er ein Mann mit starkem Charakter war, wurde er bald zum Mundschenk des Königs befördert.

Wenn du deine Stadt im Geist einnimmst, bekommst du eine Liebe und Leidenschaft für deine Stadt, die du vorher nicht hattest.

Nehemia hatte eine ehrenwerte und vertrauensvolle Stellung auf dem persischen Hof. Seine Aufgabe war es, die Bedürfnisse des Königs zu erfüllen. Er arbeitete täglich in der Gegenwart des Königs und kam in seine Gunst.

Eines Tages sprach Nehemia mit einem Mann, der aus Juda gekommen war. Nehemia erfuhr, dass die Mauern Jerusalems niedergerissen und ihre Tore verbrannt wurden. Die Überlebenden waren bestürzt und sehr traurig. Als Nehemia diese Botschaft hörte, weinte und trauerte er viele Tage lang. Dann fastete und betete er vor dem Herrn. Nehemia wurde zum Fürbitter und nahm die Stadt im

Geist ein. Mit Wehrufen und Fasten trat er für seine Stadt und die Menschen, die er so sehr liebte, in den Riss. Folgendes betete er zum Herrn:

> *Ach, Herr, du Gott des Himmels, du großer und furchtgebietender Gott, der den Bund und die Gnade denen bewahrt, die ihn lieben und seine Gebote halten! Lass doch deine Ohren aufmerken und deine Augen offen sein, dass du auf das Gebet deines Knechtes hörst, das ich nun vor dir bete Tag und Nacht für die Kinder Israels, deine Knechte, und mit dem ich die Sünde der Kinder Israels bekenne, die wir an dir begangen haben! Auch ich und das Haus meines Vaters haben gesündigt! Ach Herr, lass doch dein Ohr aufmerksam sein auf das Gebet deines Knechtes und auf das Gebet deiner Knechte, die das Verlangen haben, deinen Namen zu fürchten, und lass es doch deinem Knecht heute gelingen, und gib ihm Barmherzigkeit vor diesem Mann! – Ich war nämlich der Mundschenk des Königs.* (Neh 1,5-6.11)

Vier Monate nachdem Nehemia die herzzerbrechende Mitteilung über sein Volk und Jerusalem gehört hat, fing der Herr an, seine Gebete zu erhören. Nehemia war immer positiv und fröhlich gesinnt, während er dem König diente. Nun aber lag eine schwere Last auf seinem Herzen und er war sehr traurig.

Der König bemerkte, dass Nehemia bedrückt war und fragte ihn warum. Daraufhin erzählte Nehemia dem König, sein Herz sei schwer, weil seine Stadt in Trümmern lag und die Tore verbrannt wurden. Der König fragte ihn, was er sich wünschte.

Also bat Nehemia den König, ihn nach Jerusalem zu senden, um die Stadtmauer wieder aufzubauen. Das berührte das Herz des Königs, und er erlaubte Nehemia dorthin zu gehen. Außerdem schickte er mit ihm eine königliche Eskorte, einen Geleitbrief und genügend Proviant für unterwegs.

Als Nehemia in Jerusalem ankam, sahen seine Brüder, dass Gottes Gunst auf seinem Leben lag, und sie waren bereit, ihm zu helfen, die Stadtmauern wieder aufzubauen. Es gab viel Spott und Widerstand von einigen, die nicht wollten, dass die Mauern wieder aufgebaut werden, doch Nehemias Männer waren hartnäckig und fuhren fort, die Tore zu reparieren und die Mauer wieder aufzubauen.

Wegen des großen Widerstands, den sie erfuhren, mussten die Arbeiter mit einer Hand die Mauer wieder aufbauen, während sie in der anderen Hand ein Schwert hielten. Nehemia und seine Männer stellten die gesamte Mauer um Jerusalem wieder her und reparierten die Tore – und das alles innerhalb von 52 Tagen!

Gott erwählte Nehemia, weil er seine Stadt liebte und sie im Geist einnahm. Durch Gebet, Gunst und Gottes Kraft wurde Jerusalem in einer verblüffend kurzen Zeit transformiert und wieder aufgebaut.

Mit diesem unübertroffenen Beispiel eines Fürbitters, der seine Stadt im Geist einnahm, fordert uns Gott heraus. Können wir eine solche Herausforderung annehmen? Könnten wir eine Nehemia-Generation werden? Bist du bereit, deine Stadt im Geist einzunehmen und zu einem Nehemia zu werden, damit deine Stadt transformiert wird?

PERSÖNLICHE ANWENDUNG

„Im Geist einnehmen“ heißt für uns persönlich, dass wir für unsere eigenen Taten Verantwortung übernehmen müssen. Wir alle ernten gerne Lorbeeren für die Dinge, die wir richtig tun und versuchen die Dinge, die wir falsch tun irgendwie zu rechtfertigen. „Im Geist einnehmen“ bedeutet aber, dass wir für unser Handeln selbst verantwortlich sind, für das Positive und das Negative. Halte nun kurz inne, trete vor den Herrn und nimm im Geist dein Leben ein.

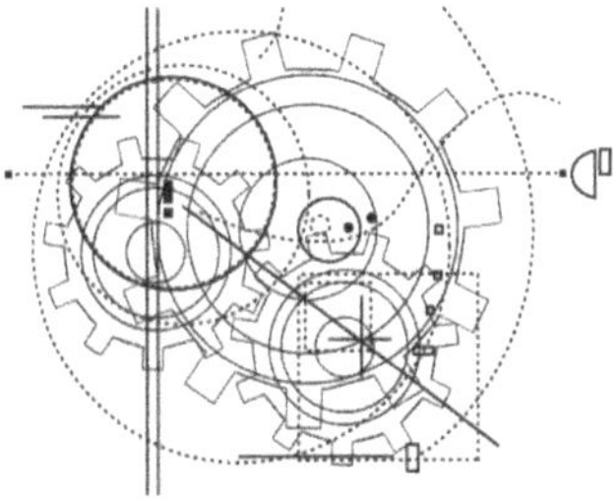

SCHLÜSSEL 3

SEINE GESCHICHTE MIT DEINER STADT

Wenn du die Pläne Gottes für die Transformation deiner Stadt leidenschaftlich verfolgen willst, musst du Wichtiges über deine Stadt und deine Umgebung lernen. Der dritte Schlüssel heißt: vergangene und gegenwärtige Ereignisse deiner Stadt und Umgebung zu recherchieren.

Die Vergangenheit deiner Stadt hat sehr viel mit ihrer Gegenwart zu tun. Wenn du deine Stadt untersuchst und recherchierst, wirst du die großartige Geschichte deiner Umgebung entdecken, und das wird dir eine völlig neue Perspektive deines Wohnorts geben. Sowie Gott jedem Menschen besondere Gaben und Berufungen gegeben hat, hat er auch deiner Stadt und Umgebung eine einzigartige Bestimmung gegeben. Die Apostelgeschichte erzählt uns von den Plänen Gottes für Städte und Nationen:

Und er hat aus einem Blut jedes Volk der Menschheit gemacht, dass sie auf dem ganzen Erdboden wohnen sollen, und hat im Voraus verordnete Zeiten und die Grenzen ihres Wohnens bestimmt, damit sie den Herrn suchen sollten, ob sie ihn wohl umhertastend wahrnehmen und finden möchten; und doch ist er ja jedem Einzelnen von uns nicht ferne. (Apg 17,26-27)

Gott plante und gründete Städte und Nationen. Er plante außerdem, in welchen Stadtteilen bestimmte Gruppierungen von Menschen in den Städten wohnen sollten. Er erzählt uns von seiner große Liebe für Städte. In der Bibel steht „Zion"[1] stellvertretend für alle Städte: *„Der Herr liebt die Tore Zions mehr als alle Wohnungen Jakobs"* (Ps 87,2).

Im Buch Jona lesen wir einen wunderbaren Bericht über Gottes bedingungslose Liebe für eine Stadt, und darüber, wozu er bereit war, damit sie errettet würde. Gott sah die große Bosheit in Ninive und sagte dem Propheten Jona, er solle dahin gehen, um sie zur Buße aufzurufen. Jona wollte nicht gehen, weil Ninive mit seinem Volk verfeindet war, und er wollte, dass Ninive zerstört würde. Er wusste, dass Gott barmherzig ist und die Einwohner Ninives schonen würde, wenn er zu ihnen predigte. Jona wollte jedoch nicht, dass seine Feinde Gottes Erbarmen erfuhren und so versuchte er, vor Gott zu fliehen. Er bestieg ein Schiff, das von Ninive gerade wegfuhr. Stell dir das vor: Er versuchte, sich vor Gott zu verstecken! Ich glaube nicht, dass das überhaupt möglich ist. Gott wusste genau, wo er Jona finden würde, und ließ einen großen Sturm auf dem Meer toben. Das Schiff wurde durch die enormen Wellen hin- und hergeschleudert und wäre fast versunken. Wie es damals üblich war, zogen die Männer

Lose, um festzustellen, wer an dem Sturm Schuld war. Das Los fiel auf Jona, und er gestand, dass er Gott entkommen wollte. Die Besatzung des Schiffes versuchte alles, um das Schiff zu retten, doch es war vergebens. Jona wusste, dass der Sturm aufkam, weil er Gott ungehorsam war, und sagte den Männern, sie sollten ihn über Bord werfen, damit das Schiff gerettet würde.

Sobald die Besatzung Jona über Bord warf, wurde das Meer ruhig. Doch Gott war mit Jona noch nicht fertig. Er sandte einen großen Fisch, der ihn verschlingen sollte. Jona blieb drei Tage und drei Nächte lang im Bauch des Fisches, bis er schließlich vor dem Herrn Buße tat. Der Fisch spuckte Jona ans trockene Land aus. Dann sprach der Herr zu ihm und befahl ihm erneut, nach Ninive zu gehen, um die Einwohner zur Buße aufzurufen.

Drei Tage lang im Bauch des Fisches zu verbringen, hat Jona überzeugt. Diesmal gehorchte er Gott und predigte in der Stadt. Der König Ninives hörte die Botschaft Gottes, die Jona verkündete, und wurde überführt von der Bosheit seiner Stadt. Er berief ein Fasten in der ganzen Region aus und befahl den Menschen, von ihren bösen Taten abzulassen. Sie sollten zu Gott schreien und ihn bitten, seinen Zorn von ihnen abzuwenden, damit sie nicht sterben müssten. Alle 120.000 Bewohner Ninives wurden verändert und glaubten an Gott.

Jona sah die Sünde der Stadt und verurteilte das Volk. Doch Gott liebte die Menschen in Ninive und sah über ihre Bosheit hinweg. Er sandte einen Mann, der zur Buße aufrufen sollte, damit sich das Volk von der Sünde abwendet.

Die Vergangenheit deiner Stadt hat sehr viel mit ihrer Gegenwart zu tun.

Gott liebt alle unsere Städte, trotz ihrer Sünde, genauso wie er Ninive geliebt hat. Wir müssen unsere Städte so lieben, wie Gott sie liebt. Wir sollen sie durch die Augen Gottes sehen und seinen Herzschlag, seine Bestimmung für unsere Städte erkennen.

JESU LIEBE FÜR STÄDTE

Wie sein himmlischer Vater, hatte Jesus für Städte eine besondere Liebe. Er diente meistens in Städten oder in Vororten.

Seine Anwesenheit brachte Städte in Bewegung:

Und als er in Jerusalem einzog, kam die ganze Stadt in Bewegung und sprach: Wer ist dieser? (Mt 21,10)

Seine Lehre erstaunte die Menschen:

Und sie begaben sich nach Kapernaum; und er ging am Sabbat sogleich in die Synagoge und lehrte. Und sie erstaunten über seine Lehre; denn er lehrte sie wie einer, der Vollmacht hat, und nicht wie die Schriftgelehrten. (Mk 1,21-22)

Seine Lehre transformierte Städte:

In Johannes 4 lesen wir, wie Jesus die Städte Samaria, Galiläa und Kapernaum transformierte. Der Bericht von der Samariterin ist ein großartiges Beispiel. Die Geschichte kann man in Johannes 4,4-46 lesen. Jesus traf eine Samariterin am Brunnen außerhalb ihrer Stadt und bat sie, ihm zu trinken zu geben. Sie war sehr überrascht, dass er sie ansprach, denn die Juden hatten mit den Samaritern nichts zu tun. Umso überraschter muss sie gewesen sein, als Jesus ihr lebendiges Wasser anbot, damit sie nie wieder dürste.

Jesus erzählte ihr Dinge aus ihrem Leben, die kein Mensch wissen konnte. Sie erwiderte, sie wüsste, der Messias würde kommen. Er antwortete: *„Ich bin's, der mit dir redet"* (Joh 4,26b). Also ging sie in ihre Stadt zurück und erzählte jedem von Jesus und der Erfahrung, die sie mit ihm gemacht hatte. Viele kamen mit ihr zurück zum Brunnen. Sie baten ihn, bei ihnen zu bleiben, und er blieb dort zwei Tage lang. Viele in der Stadt glaubten an Jesus und wurden errettet.

JESU LIEBE UND ERBARMEN FÜR JERUSALEM

Im Lukasevangelium finden wir eine der bewegendsten Stellen über die Liebe Jesu für eine Stadt. Die Ankunft Jesu in Jerusalem ist heute als sein triumphaler Einzug in die Stadt bekannt. Vielen Menschen fingen an, Gott zu preisen und zu jubeln wegen der vielen mächtigen Dingen, die sie durch Jesu Hand erlebten. Sie riefen:

Gepriesen sei der König, der kommt im Namen des Herrn! Friede im Himmel und Ehre in der Höhe! Und als er näher kam und die Stadt sah, weinte er über sie. (Lk 19,38.41)

Gott hat für jede einzelne Stadt einen besonderen Plan. Oft verdreht ihn der Feind und erstellt eine Fälschung der von Gott gegebenen Bestimmung einer Stadt. Du und ich sind dafür verantwortlich, das zurückzuerobern, was in den Städten verloren gegangen ist.

Es ist Gottes Wunsch, dass wir die Wasserbrunnen unserer Städte wieder aufgraben und das anzapfen, was er vor Jahren dort hineingelegt hat. In 1. Mose 26,18a steht: *„Und Isaak ließ die Wasserbrunnen aufgraben, die sie zu Zeiten seines Vaters Abraham gegraben hatten."*

Die Wasserbrunnen wieder aufzugraben, bedeutet, das göttliche Erbe, das vor Jahren in deine Stadt hineingelegt wurde, zurückzuholen und neu einzurichten.

Gott möchte, dass unsere Erde, unsere Nationen und unsere Städte so werden wie sein himmlisches Reich.

Wenn wir die religiöse Geschichte unserer Umgebung kennenlernen, erfahren wir, wie Gott vor Jahren gehandelt hat. Mit diesem Wissen können wir auf diese vergangene Zeit zurückgreifen und die Brunnen unseres religiösen Erbes wieder aufgraben. Mit anderen Worten: Wir können beten, prophetisch handeln und Gott bitten, uns das zurückzugeben, was rechtmäßig uns gehört. Das alles ist Teil der Erfüllung der Bestimmung unserer Stadt.

Fangen wir an, unsere Stadt mit Gottes Augen anzusehen. Wenn wir sie nur mit unseren natürlichen Augen ansehen, könnten wir entmutigt werden. Gott wünscht sich, dass wir die Dinge mit seinen Augen sehen, wie sie wirklich sind, und nicht wie sie zu sein scheinen. Was möchte er in deiner Stadt tun? Vielleicht fühlst du dich von seiner Antwort überwältigt, aber er wird dir alles geben, was du dazu brauchst. Er hat bereits einen Plan und wartet nur auf jemanden, der sagt: „Hier bin ich." Gott möchte, dass deine Stadt die Bestimmung erfüllt, die er für sie hat:

Unser Vater, der du bist im Himmel! Geheiligt werde dein Name. Dein Reich komme. Dein Wille geschehe, wie im Himmel, so auch auf Erden. (Mt 6,9b-10)

Gott möchte, dass unsere Erde, unsere Nationen und unsere Städte so werden wie sein himmlisches Reich. Wenn wir ihn, seinen Plan und seine Wegweisung suchen, wird er uns führen, und unsere Städte werden transformiert.

KENNE DEINE STADT: DIE FÜNF MASSNAHMEN

Ich habe bereits erwähnt, wie wichtig es ist, die Geschichte der Vergangenheit und der Gegenwart deiner Stadt und Umgebung zu erfahren. Der Prozess besteht aus fünf Maßnahmen: recherchieren, aufzeichnen, erlösen, freisetzen und jubeln. Zahlen haben eine wichtige Bedeutung, und die Zahl fünf heißt „Gnade" und „Gunst". Der Herr wird dir Gunst und Gnade schenken, wenn du diese fünf Maßnahmen ergreifst.

1. Recherchieren

Zuerst musst du Recherchen anstellen. Es ist wichtig, mit der Geschichte zu beginnen. Wer hat deine Stadt gegründet? Was waren die ursprünglichen Anlässe für ihre Gründung? Die Antworten auf solche Fragen wirken sich auf alle Aspekte einer Stadt aus, von der Zeit ihrer Gründung bis zum heutigen Tag. Alles ist wichtig, von der Vision und dem Charakter der Stadtgründer bis hin zu den Traditionen, der Kultur, der Gesellschaft und dem geistlichen Zustand der Stadt. Viele Städte haben einen historischen Verein. Hier solltest du am Anfang deiner Recherche ansetzen.

Wenn du mit deiner Erforschung beginnst, wirst du erstaunt sein, wie viele Dinge der Herr dir offenbart. Diese sollen die Schwerpunkte deiner Gebete werden. Deine Recherche sollst du auch auf deinen Landkreis ausweiten, vor allem dann, wenn deine Stadt nicht die Hauptstadt deines Landkreises ist.

In dieser Zeit der Recherche wird dir Gott außerdem noch den Charakter und die Persönlichkeit deiner Stadt offenbaren. Im Teil III dieses Buches werde ich dir eine Liste konkreter Fragen geben, die du bei der Recherche der Geschichte deiner Stadt stellen kannst. Die Liste ist nicht vollständig. Der Herr wird dir bei dieser Maßnahme noch weitere Dinge offenbaren, die speziell deine Stadt betreffen. Und vergiss nicht die aktuellen Tagesereignisse. Wir müssen wissen, was gerade in dieser Stadt passiert. Lies deine örtliche Zeitung oder sieh dir die Lokalnachrichten im Fernsehen an. Bleib gut informiert.

2. Aufzeichnen

Alle Information, die du durch deine Recherche erhältst, solltest du aufzeichnen. Es wird dir später viel wertvoller sein, als du dir vorstellen kannst. Ich schlage vor, du legst ein Journal an und machst Fotos von den Orten, an denen du betest. Diese Dokumentation wird dir von unschätzbarem Wert sein. Du wirst eine Aufzeichnung der Transformation deiner Stadt in den Händen halten.

Vor sechs Jahren begann mein Team über ein altes, verlassenes Einkaufszentrum in der Stadtmitte zu beten und Proklamationen auszusprechen. Dort war es sehr dunkel und trostlos. Danach riss die Stadt Teile des Gebäudes ab und baute ein wunderschönes, offenes Einkaufszentrum, das vielen Läden ein Zuhause bot. Inzwischen ist das Gebäude ein Treffpunkt, an dem viele stadtweite Veranstaltungen für die Bewohner der Umgebung stattfinden.

Als wir anfingen, über das alte Gebäude zu beten, haben wir Fotos davon gemacht. Wir beteten und glaubten, dass daraus etwas Nutzbares gemacht wird. Wir haben jetzt die Vorher- und Nachher-Fotos als Beweis. Unsere Gebete haben Veränderung bewirkt.

Es wäre auch ratsam, die Statistiken deiner Stadt aufzuzeichnen, z.B. die Kriminalitätsrate, Arbeitslosigkeitszahlen, Anzahl der Abtreibungen usw. Nach einer Weile besitzt du dann eine Zeitachse der übernatürlichen Transformation, die Gott bewirkt. Ferner erkennst du, für welche besonderen Bereiche du beten sollst. Das wird dich letzten Endes sehr ermutigen.

3. Erlösen

Vielleicht hast du dich gefragt, warum du über deine Umgebung Recherchen anstellen sollst. Der Grund: Was deine Stadt heute ausmacht, hat sehr viel mit ihrer Geschichte zu tun. Erinnerst du dich an den Garten, den ich dir vorhin beschrieben habe? Stell dir deine Stadt als wunderbaren Garten vor, der vom Schöpfer angelegt wurde. Über viele turbulente Jahre haben Unkraut, Stöcke und Dornen Überhand genommen und verdecken jetzt den größten Teil des Gartens. Du musst nun die Dornen und Stöcke entfernen, das Unkraut an den Wurzeln herausreißen und die Steine wegschaffen. Das wird Veränderung und neues Leben bewirken – ja eine Erweckung – in deinem Garten. Wenn du den Garten (deine Stadt) frei räumst und dich an die tiefen Wurzeln der Sünde heran machst, wird die Frucht gedeihen und reichhaltig werden:

> *Siehe, ich setze dich am heutigen Tag über die Völker und über die Königreiche ein, um auszurotten und niederzureißen, und um zu zerstören und abzubrechen, um zu bauen und zu pflanzen.* (Jer 1,10)

Vielleicht verlangt der Herr von dir sogar, für die Sünden der Vorväter deiner Stadt Buße zu tun, damit er seinen schönen Garten wiederherstellen kann. Das gehört dazu, Fürbitter zu sein und die Stadt einzunehmen. Ich nenne diese Gebete „Identifizierungs"-Gebete, denn du identifizierst dich mit den Sünden der Vergangenheit. Das sind einfach Gebete der Buße für die Sünden der vergangenen Generationen. In der Bibel steht, dass Sünden über mehrere Generationen hinweg Konsequenzen haben:

Vielleicht verlangt der Herr von dir sogar, dass du für die Sünden der Vorväter deiner Stadt Buße tust, damit er seinen schönen Garten wiederherstellen kann.

Denn ich, der Herr, dein Gott, bin ein eifersüchtiger Gott, der die Schuld der Väter heimsucht an den Kindern bis in das dritte und vierte Glied derer, die mich hassen. (5 Mo 5,9b)

Als Fürbitter nimmst du deine Stadt im Geist ein. Du hast die Vollmacht, in den Riss zu treten und die Sünden der vergangenen Generationen zu bekennen und dafür Buße zu tun. Wenn du das machst, wirst du die Wurzeln der Sünde herausreißen und bloßstellen. Du hast die Vollmacht, alles Verlorene, Verborgene oder Gestohlene zurückzufordern. Das bringt deiner Umgebung Heilung und wunderbare Wiederherstellung.

4. Freisetzen

Wenn du dich mit Gottes Plan für Erlösung und Transformation eins machst, wirst du deinem Land, deiner Stadt und deinem Volk eine großartige Freisetzung bescheren. Die Atmosphäre wird gereinigt, und Gott bekommt den Freiraum, deine Stadt zu ihrer ursprünglichen Bestimmung zurückzuführen. Sie wird zum wunderschönen, fruchtbaren Garten, voll köstlicher Frucht. Jetzt wäre es eine gute Zeit, innezuhalten, Gott anzubeten und ihm für sein Wesen und sein Handeln zu danken.

Die Geschichte deiner Stadt hat nicht nur mit Schuld zu tun. Die Geschichte ist auch mit Gottes Segen durchsetzt. Bei deinen Recherchen wirst du die vielen Segnungen entdecken, die der Herr über deine Stadt ausgegossen hat. Du wirst einen Strom dieser Segnungen erkennen, der aus den vergangenen Jahren bis zum heutigen Tag fließt:

> *Von dem Gott deines Vaters — er wird dir beistehen; von dem Allmächtigen — er wird dich segnen mit Segnungen vom Himmel herab, mit Segnungen der Tiefe, die unten liegt, mit Segnungen der Brüste und des Mutterschoßes! Die Segnungen deines Vaters …*
> 1 Mo 49,25-26a)

> *Wenn es den Gerechten wohlgeht, so freut sich die ganze Stadt… Durch den Segen der Redlichen kommt eine Stadt empor…* (Spr 11,10-11)

Du kannst die Brunnen des Segens wieder aufgraben und sie durch Proklamationen über deine Stadt freisetzen. Gott möchte alle Gemeinden, Pastoren und Fürbitter gebrauchen, um die Stadt zu transformieren. Eine einzelne Person oder Gruppe besitzt nicht alle Teile des Bildes für Veränderung. Gott will die verschiedenen Gemeinden und Gruppierungen der Stadt vereinen, damit sie in ihrer Stadt eine bleibende Transformation bewirken. Wenn wir in Einheit vorwärtsgehen, werden wir Gottes Macht und Gunst erfahren. Zusammen werden wir die Transformation unserer Städte erleben.

Ich möchte ein Beispiel geben, wie Transformation passieren kann. Im Jahre 2008 sollte ich mit einem Missionsteam nach Kenia, Afrika fahren. Die Reise wurde wegen der politischen Unruhe dort abgesagt. Ich war sehr enttäuscht, wie du dir vorstellen kannst.

Das Missionsteam bekam ein neues Ziel. Wir sollten nach Honduras, um Einsätze auf der Insel Roatán und auf dem Festland zu halten. Ich bin begeistert, dass Gottes Wege so viel höher sind als unsere. Diese Reise war sein Plan von Anfang an. Zurückblickend erkenne ich, sie war für uns Fürbitter ein Traum, der in Erfüllung ging.

Alle genossen die Reise, doch ich weiß, dass Gott sie extra für mich geplant hat. Ich kann nicht begreifen, dass Gott absichtlich und liebevoll eine Reise besonders für mich planen würde. Worte können nicht beschreiben, wie weitsichtig und wunderbar er mir gegenüber ist. Ich könnte weiter von meinem unermesslich großen Gott schwärmen… doch zurück zur Geschichte von Roatán!

Bevor wir abgereist sind habe ich als Fürbitterin mit den fünf Maßnahmen begonnen (die fünfte Maßnahme kommt übrigens bald dran). Ich erfuhr, dass Roatán eine Insel in der Karibik ist, die vor der Ostküste Honduras liegt. Die Einheimischen waren Payaner, Mayaner und Lencaer. Ich war betrübt, als ich von der elenden Geschichte dieser kleinen Insel las. Kolumbus entdeckte die Insel auf seiner vierten Reise. Die Spanier nahmen sie ein und machten die Ureinwohner zu ihren Sklaven. Durch Krankheiten wurden die ursprünglichen Stämme fast ausgelöscht. Jahrelang gab es Kämpfe und Kriege zwischen den Einsiedlern, den Seeräubern, den Handelsleuten und den Militärkräften aus England, Frankreich und den Niederlanden.

Dafür, dass Roatán eine so kleine Insel ist, hat sie eine Geschichte, die weit tragischer ist als die Geschichte vieler größerer Nationen. Heute steht die Insel stark unter dem Einfluss des Okkulten, der Hexerei und des Alkohol- und Drogenmissbrauchs.

Gott schickte mich zu dieser Insel als Botschafterin und hat mir deshalb Vollmacht gegeben. Wochen vor meiner Abreise nahm ich Roatán im Geist ein. Ich fing an, die Insel zu erlösen, indem ich für die Sünden derer Buße tat, die diese wunderbare, von Gott erschaffene Insel ausgebeutet hatten. Ich setzte Wiederherstellung, Freiheit und Reinheit über die Insel frei.

Als ich auf der Insel ankam, durfte ich zu einer Gruppe von Pastoren aus verschiedenen Konfessionen mitsamt ihren Frauen über diese fünf Maßnahmen sprechen. Sie nahmen die Insel im Geist ein und fingen an, für die Sünden ihrer Vorfahren Buße zu tun. Bevor wir die Insel verließen, spürten wir unter den Insulanern einen Frieden und eine Freude.

Mein Herz floss über vor Freude und Dankbarkeit für die Dinge, die der Herr auf dieser Reise getan hat. Darum habe ich die fünfte Maßnahme hinzugefügt. Das war für mich eine natürliche Ergänzung, denn ich war dem Herrn sehr dankbar für alles, was er während unseres Aufenthalts auf der Insel getan hat. Ich jubelte über die Einheit, die er den Gemeinden auf der Insel geschenkt hat.

Das war nur der Anfang der Transformation von Roatán. Unsere ganze Reise war Gottes Plan. Wir haben sie nicht geplant und noch nicht einmal an diese Insel gedacht. Er tat außerordentlich mehr als wir je hätten erwarten oder träumen können, und wir hatten das Vorrecht, am Plan unseres mächtigen und starken himmlischen Vaters teilzunehmen.

5. Jubeln

Nun ist es Zeit zum Jubeln. Wir jubeln und sind Gott dankbar für all die mächtigen Dinge, die er in der ganzen Welt getan hat und noch tun wird. Wir danken ihm, dass er unsere Städte liebt und uns erwählt, Teil dieser übernatürlichen Transformation zu sein, die er dort bewirkt.

Wir nehmen uns Zeit zu danken und den Herrn anzubeten. Obwohl wir vielleicht nicht immer alles, was er getan hat, mit unseren natürlichen Augen sehen können, danken wir ihm dennoch während unserer Gebetsspaziergänge dafür.

Begreifst du nun, wie sehr Gott deine Stadt liebt, und dass er einen besonderen Plan für ihre Transformation hat? Bist du bereit, deine Stadt im Geist einzunehmen und diese fünf Maßnahmen anzuwenden? Nimmst du dir vor, deine Gedanken mit anderen zu teilen und ein Team von hingegebenen Menschen zusammenzurufen? Wirst du derjenige sein, der Gottes Berufung hört und nicht davon läuft? Wirst du seiner Stimme gehorchen und erleben, wie deine Stadt transformiert wird?

PERSÖNLICHE ANWENDUNG

Genauso wie eine Stadt eine Geschichte besitzt, die ihren Charakter und ihre Persönlichkeit – sowohl im positiven als auch im negativen Sinne – mitprägt, hat auch jeder von uns eine persönliche Geschichte, die uns prägt.

Nun hast du die Gelegenheit, etwas mehr über deinen Stammbaum zu erfahren, und zwar seitens beider Eltern. Diese fünf Maßnahmen – recherchieren, aufzeichnen, erlösen, freisetzen und jubeln – sind auch auf der persönlichen Ebene einsetzbar. Du kannst dadurch von den Sünden deiner Vorfahren lernen, um dann dafür Buße zu tun. Doch du kannst auch vom wunderbaren Erbe erfahren, das Gott dir durch deine Abstammung schenkt.

Ich habe das gemacht. Ich habe meinen Stammbaum untersucht, um meine Geschichte und die meiner Vorfahren zu erfahren. Nachdem ich für die Sünden der zurückliegenden Generationen Buße tat und das zurückforderte, was meiner Familie einst gehörte, zeigte mir Gott das erstaunliche Erbe, das er mir geschenkt hat. Ich erinnere mich zum Beispiel an meine Urgroßmutter, die 98 Jahre alt geworden ist. Als ich in der Gemeinde aufwuchs, hörte ich viele Menschen von ihrer großen Liebe zu Gott erzählen. Viele haben Zeugnisse davon erzählt, wie meine Urgroßmutter sie zu Jesus geführt hat. Der Herr erinnerte mich an Zeiten während meiner Kindheit, als ich sie mit meiner Familie im Pflegeheim besuchte. Sie wünschte sich immer, dass ich mich neben ihr Bett setzte und ihre Hand halte. Als der Herr mir diese Erinnerung schenkte, offenbarte er mir auf übernatürliche Weise, dass meine Urgroßmutter eine starke Fürbitterin war und sie mir diesen Mantel der Fürbitte weitergereicht hat. Wie lebensverändernd es ist, wenn wir diese fünf Maßnahmen auf unser eigenes Leben anwenden!

Vor kurzem erinnerte mich mein Vater daran, dass seine Mutter – meine Großmutter also – eine Schriftstellerin war. Er erzählte mir, dass mein Großvater ihr eine kleine Hütte in den Bergen gebaut hatte, wohin sie sich zurückzog, um zu schreiben. Wenn ich nun meinen Lebensverlauf betrachte, bemerke ich, wie Gott mir schon alleine durch diese zwei Vorfahren ein reichliches Erbe geschenkt hat. Und das sind nur zwei der Beispiele des Erbes, das er mir durch die Generationen hinweg zuteil werden ließ.

Begeistert dich das? Möchtest du diese fünf Maßnahmen auf dein Leben anwenden?

Welches Familienerbe hat dir Gott geschenkt? Denke daran: Wenn negative Dinge zum Vorschein kommen, tue Buße dafür. Danach wird dir Gott das Positive offenbaren. Die negativen Dinge, die du aufdeckst, sind Versuche des Feindes, Gottes perfekten Plan zu durchqueren. Denke daran, das Positive im Negativen zu suchen. Dann wird dir Gott seinen Plan enthüllen.

Er macht so etwas gerne für dich, und das ist nur der Anfang. Worauf wartest du? Warte keinen Augenblick länger! Beeil dich, an deinen geheimen Ort zu gehen. Gott wartet dort und kann es kaum erwarten, dir seinen Plan für dein Leben zu zeigen. Zögere nicht. Er ruft dich gerade jetzt. GEH!

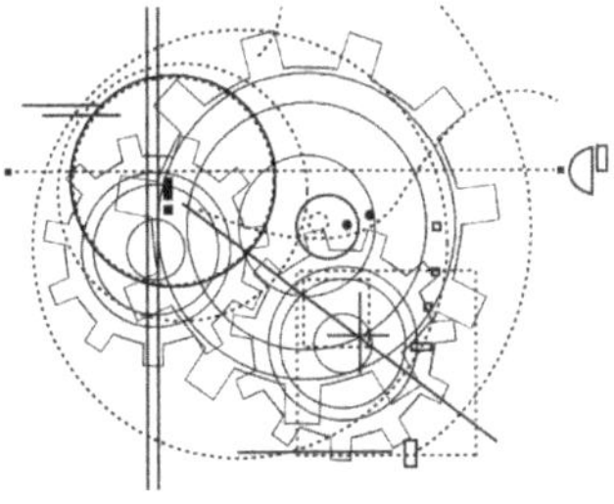

SCHLÜSSEL 4

BLAUPAUSEN

Hast du jemals davon geträumt, ein eigenes Haus zu bauen? Vielleicht hast du dir Zeitschriften besorgt, voll mit Fotos und Grundrissen von verschiedenen Arten von Häusern. Du hast Monate lang darüber nachgedacht und davon geträumt, wie dein Haus aussehen soll und welche Annehmlichkeiten du mit einbauen willst. Du hast alle Einzelheiten genau geplant. Nachdem du dich entschieden hast, wie dein Haus aussehen soll, hast du einen Architekten aufgesucht. Er nahm deine Ideen auf, verarbeitete sie in einen Plan und stellte schließlich eine Blaupause für dein Haus her.

Blaupause: ein Aktionsplan, oder etwas Vorhandenes, das als Vorlage für Künftiges dienen kann[1]

Der vierte Schlüssel heißt: Gottes Blaupause für die Transformation deiner Stadt. Bitte ihn um seine Pläne. Gott ist der Meisterarchitekt! Er hat unzählige Blaupausen. Viele davon sind Blaupausen, die in anderen Blaupausen enthalten sind. Mit solchen Blaupausen erschuf Gott den

Kosmos, die Milchstraße, das Sonnensystem und unsere Erde. Gott hält im Himmel Blaupausen für deine Stadt bereit. Denke daran: Eine Blaupause ist etwas Vorhandenes, das als Vorlage für etwas Künftiges dienen kann. Gott bewahrt diese Blaupausen im Himmel auf. Sie sind bereits bis ins letzte Detail ausgearbeitet. Er wartet nur darauf, dass du ihn um diese Pläne bittest.

> *Im Anfang schuf Gott die Himmel und die Erde.* (1 Mo 1,1)

> *Denn in ihm ist alles erschaffen worden, was im Himmel und was auf Erden ist, das Sichtbare und das Unsichtbare, seien es Throne oder Herrschaften oder Fürstentümer oder Gewalten: Alles ist durch ihn und für ihn geschaffen.* (Kol 1,16)

Gott hat etwas Außergewöhnliches aus einer seiner bedeutendsten Blaupausen gemacht. Aus seiner ganzen Liebe heraus und mit mehr ausführlichen Details als alle anderen Schöpfungen zuvor, erschuf er den Menschen:

> *Und Gott sprach: Lasst uns Menschen machen nach unserem Bild, uns ähnlich.* (1 Mo 1,26a)

> *Da bildete Gott der Herr den Menschen, Staub von der Erde, und blies den Odem des Lebens in seine Nase, und so wurde der Mensch eine lebendige Seele.* (1 Mo 2,7)

Gott erschuf den Menschen nach seinem eigenen Bild und seiner eigenen Gestalt. Er hauchte seinen Atem in die Menschheit ein, um uns Leben zu schenken. Der himmlische Vater schenkte seinem ersten Kind Leben. Wir können es menschlich gar nicht fassen, dass der große Gott – der Architekt des Kosmos – Menschen nach seinem Ebenbild erschuf. Alles Lebende und Nichtlebende wurde durch den ultimativen Architekten entworfen. Er erschuf alles einzigartig und anhand von gewaltigen, ausführlich detaillierten Blaupausen:

> *Weißt du es denn nicht, hast du es denn nicht gehört? Der ewige Gott, der Herr, der die Enden der Erde geschaffen hat, wird nicht müde noch matt; sein Verstand ist unerschöpflich!* (Jes 40,28)

Wir haben gehört, wie sehr Gott unsere Städte liebt, und dass er eine besondere Berufung und Bestimmung für jede Stadt hat. Er hat bereits besondere Blaupausen und architektonische Zeichnungen für unsere Städte erstellt. Menschen haben vielleicht große Pläne zur Transformation ihrer Städte, doch Gott hat noch größere Pläne, die er durchgeführt und vollendet sehen will. Diese Blaupausen möchte er denjenigen schenken, die ihn darum bitten: *„Das Herz des Menschen denkt sich seinen Weg aus, aber der Herr lenkt seine Schritte“* (Spr 16,9).

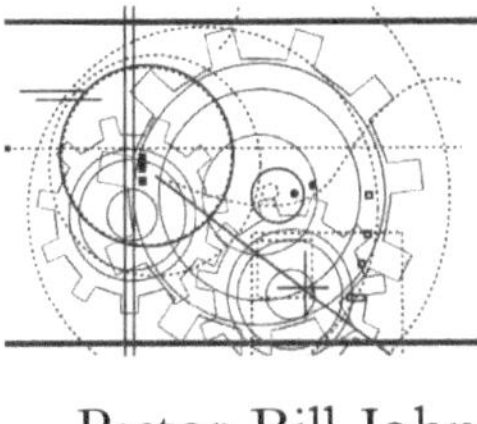

Der Himmel ist voll von fertigen Blaupausen. Gott wartet nur darauf, dass sie jemand anfordert.

Pastor Bill Johnson sagt: „Gott entschied sich, auf Erden *durch* die Menschen und nicht *unabhängig von ihnen* zu handeln.“ Gott möchte die Transformation unserer Städte durch uns bewirken. Frag ihn, was er in deiner Stadt tun möchte.

JESUS IST UNSER VORBILD

Jesus ist das beste Vorbild für uns. Er sagte, er könne nichts von sich aus tun, und ging deshalb stets zum Vater, um von ihm zu erfahren, was er für ihn tun soll. Jesus empfing seine Anweisungen und die Blaupausen, weil er den Vater darum bat, und dann führte er das aus, wozu ihn der Vater aufforderte.

Es wäre weise von uns, wenn wir Jesu Beispiel folgen und den Vater bitten würden, was er durch uns in unseren Städten tun möchte. Die komplette Blaupause – der große Plan – wäre für uns zu schwer zu begreifen und zu groß, um sie gleich umzusetzen zu können. Er zeigt uns nur soviel, wie wir in der Lage sind, auszuführen. Transformation braucht Zeit, Geduld und Ausdauer. In einer alten Weisheit heißt es: „Rom wurde nicht an einem Tag gebaut.“ Gott möchte, dass unsere Städte verändert werden, und er wird diese Veränderung durch uns bewirken. Wir müssen gehorsame Diener sein und seinen Plan ausführen. Folgen wir also dem Beispiel Jesu und bitten Gott, was wir für ihn tun sollen. Wir wissen, die große Blaupause soll eine Transformation von Städten ermöglichen. Wie kommen wir dahin? Wie sieht der Schlachtplan aus? Welche Schritte sollen wir unternehmen?

Zuerst kehren wir zum Anfang zurück, zum geheimen Ort. Dort erhalten wir unsere Anweisungen vom Himmel, denn so hat es auch Jesus getan. Als nächstes fragen wir Gott, was wir tun sollen und befolgen dann seinen Plan.

Lass uns den Vater einige Fragen stellen:

- Wo in unserer Stadt möchtest du, dass wir hingehen?
- In welche Richtung sollen wir beten?
- Was sollen wir tun? Gibt es dazu spezielle Anweisungen?

Vielleicht sagt er an einem bestimmten Tag, „Geht zum Rathaus und betet für die Regierungsbeamten, für die ‚Mütter und Väter' der Stadt." Ein anderes Mal schickt er euch vielleicht zu einer Kneipe, vor der ihr betend stehen und prophetisch handeln sollt. Oder er bittet euch, eine Hochschule der Stadt aufzusuchen, um dort prophetische Proklamationen auszusprechen. Wenn ihr Gott um eine Blaupause bittet, kann es sein, dass er euch öfter an den gleichen Ort schickt, doch oftmals sendet er euch an verschiedene Orte.

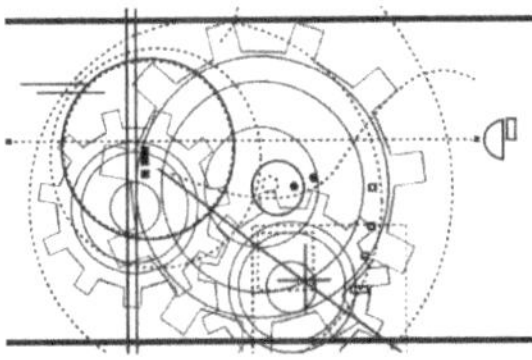

Lass uns Jesu Beispiel folgen und Gott fragen, was er uns sagen will und was er möchte, dass wir tun sollen.

Transformation von Städten passiert nicht wegen uns oder weil wir an eine gute Idee glauben. Sie erfolgt aus seiner Weisheit. Seinen Entwurf für unsere Städte wird er uns durch seine Blaupausen zeigen. Und wir erinnern uns: Eine Blaupause ist etwas Vorhandenes, das als Vorlage für Künftiges dienen kann. Die Blaupause gibt das wieder, was er gerade sagt und was wir tun sollen.

MENSCHEN, DIE UNS VORANGEGANGEN SIND

Wenn du für deine Stadt betest, wirst du anderen begegnen, die auch für sie beten. Vielleicht haben sie vom Herrn andere Anweisungen erhalten, treffen sich an anderen Orten und handeln anders als du. Vielleicht haben sie die Anweisung, sich in ihren Gemeinden zu treffen, um zu beten. Dieser Teil seiner Blaupause ist genauso wichtig wie die Anweisung, auf die Straßen zu gehen. Einzelne Leben und Städte werden transformiert, wenn Menschen hören, was Gott sagt und seine Blaupausen und Anweisungen befolgen. Wir wissen, wir sind nur ein Teil des Bildes, das der Herr verwirklichen will, um Transformation von Städten zu ermöglichen. Es ist sehr wichtig, dass wir die Männer und Frauen ehren, die uns im Gebet für unsere Stadt vorangegangen sind. Einige von ihnen sind vielleicht bereits mit Jesus im Himmel. Wir kennen sie vielleicht nicht, aber wir sollen dankbar sein für die Rolle, die sie als unsichtbare Fürbitter im jahrelangen Gebet für unsere Stadt spielten.

Neulich sprach ich mit meiner „geistlichen Mutter" über dieses Buch. Sie ist auch eine Fürbitterin und hat viele Jahre lang für unsere Stadt gebetet, bevor ich überhaupt hierher gezogen bin. Sie erinnerte sich daran, wie sie vor ungefähr dreißig Jahren mit einigen Freunden Gebetsspaziergänge durch die Straßen machte. Zu jener Zeit übten Fürbitter eine Handlung aus, die sie „geistliche Zuordnung" (engl. „spiritual mapping") nannten. Die Freunde teilten die Straßenkarte der Stadt in Abschnitten ein und planten strategisch, wo und wie sie Fürbitte tun sollten.

Manche Fürbitter verwenden diese Strategie heute noch. Sie ist auch eine Blaupause, die von Gott gegeben wurde.

Meine Freundin erinnerte mich daran, dass sie nun die Gebete der Menschen, die ihnen vorangegangen sind, ergänzten. Und die „Decke“ ihrer Gebete wurde zu meinem „Fußboden“. Mit anderen Worten, der Durchbruch der vorangegangen Fürbitter hat für meine Freundin und ihre Mitbeter den Weg für einen größeren Durchbruch freigemacht. Als Folge dessen können meine Mitbeter und ich einen noch größeren Durchbruch erreichen, und die, welche nach uns kommen, einen noch mächtigeren. Jedes Mal, wenn wir die Blaupause befolgen, die Gott uns gibt, ehren wir die Pläne, die Gott den Fürbittern vor uns gab und ebnen den Weg für diejenigen, die nach uns kommen werden.

EINE BLAUPAUSE VON GOTT

Vielleicht fragst du dich, „Kann ich überhaupt von Gott hören? Wird er mir eine Blaupause geben? Werde ich wissen, was ich zu tun habe?“

Ja, du wirst von Gott hören, er wird dir eine Blaupause geben, und du wirst genau wissen, was zu tun ist. Hast du am geheimen Ort Zeit mit Gott verbracht? Dort wirst du seine Stimme hören. Denke daran: Am geheimen Ort sollst du nicht in erster Linie die Zeit damit verbringen, Gott mit deiner Gebetsliste zu konfrontieren. Du sollst einfach still in seiner Gegenwart verweilen. In dieser Zeit lernst du, wie man zuhört. Höre seine Stimme – sie spricht zu deinem Herzen.

Er spricht nicht immer gleich am geheimen Ort. Er hat es gerne, wenn du einfach bei ihm bist. Oft schweigt er und genießt deine Anwesenheit. Irgendwann später spricht er dann zu dir. Er ist Gott. Er ändert sich nicht, aber seine Methoden ändern sich ständig. Wir müssen seiner Stimme und seinen Anweisungen zuhören. Mir persönlich sagt er nicht viel an meinem geheimen Ort, höchstens mal ein Wort. Wenn ich meine Zeit mit ihm dort abgeschlossen habe, mache ich mich an meine alltäglichen Aufgaben. Dann spricht er zu mir mehrmals am Tag. Entspanne dich und empfange von Gott, was er sagen und tun will – genauso wie Jesus es tat.

KEIN GOTTESDIENST AM SONNTAG

Was? Kein Gottesdienst am Sonntag? Hast du je schon mal von einem Pastor gehört, der bereit war, den Gottesdienst am Sonntag ausfallen zu lassen? Es gibt einen Pastor in einer Stadt nicht weit von hier, der einmal im Monat den Gottesdienst am Sonntag ausfallen lässt, um mit seinen Gemeindegliedern Gebetsspaziergänge in den Straßen ihrer Stadt durchzuführen. Es läuft ganz anders ab als an den anderen Sonntagen. Die Geschwister verlassen die vier Wände ihrer Kirche und gehen hinaus, um etwas in ihrer Stadt zu bewegen und die geistliche Atmosphäre zu verändern.

Der Pastor erzählte mir, dass er und seine Frau diese Idee bekamen, nachdem sie eine Konferenz über kraftvolle Evangelisation und Transformation von Städten besuchten. Auf dieser Konferenz hörten sie viele Zeugnisse von Menschen, deren Städte dadurch verändert wurden, dass ganz normale Menschen durch die Straßen gelaufen sind und dabei gebetet haben. Der Pastor und seine Frau wussten, Gott spricht zu ihnen: Das sollten sie in ihrer Gemeinde auch tun. Gott schenkte ihnen einen Plan, wie diese Gebetsspaziergänge umgesetzt werden sollen. Der Pastor wurde durch das Buch „Prayer Evangelism" von Ed Silvoso inspiriert und rüstet seine Gemeinde nun zu, indem er über vier Prinzipien aus Lukas 10,5-9 lehrt. Darin sandte Jesus 70 Jünger hinaus, um ihm den Weg vorzubereiten, indem sie Frieden aussprachen, Beziehungen bauten, für die Kranken beteten und das Himmelreich proklamierten.[2]

Der Pastor wusste, dass die meisten seiner Gemeindeglieder noch nie einen Gebetsspaziergang gemacht hatten. Es begeisterte ihn, dass trotzdem sehr viele bereit waren, auf die Straßen zu gehen.

Heute trifft sich die Gemeinde an einem vorgegebenen Sonntag im Monat, um zu beten, die Waffenrüstung Gottes anzuziehen und dann auf die Straße zu gehen und Fürbitte zu tun. Sie beten nicht nur, sondern bauen Beziehungen zu den Menschen auf, die sie treffen. Ungefähr die Hälfte der Gemeinde geht auf die Straßen und macht dort Gebetsspaziergänge, immer zu zweit oder zu dritt. Die andere Hälfte, die vielleicht noch nicht dazu bereit ist oder lieber in der Gemeinde bleiben möchte, hält sich in der Kirche auf, um für die andere Hälfte zu beten. Zur ausgemachten Zeit kommen die Spaziergänger wieder zurück und berichten von dem, was sie erlebt haben. Je mehr Zeugnisse mit der Zeit erzählt werden, desto mehr Menschen trauen sich, bei den Gebetsspaziergängen mitzumachen. An den meisten jener Sonntage bleiben alle nach dem Gottesdienst zusammen und essen gemeinsam zu Mittag, um die Gemeinschaft und Einheit in der Gemeinde zu fördern.

Gott hatte diesem Pastor eine Blaupause für seine Gemeinde geschenkt. Das ist ein wunderbares Beispiel dafür, wie Gott für jede Stadt eine für sie speziell entworfene Blaupause parat hält. Bitte ihn weiterhin, dir seine Blaupause und seinen Plan für deine Stadt zu zeigen.

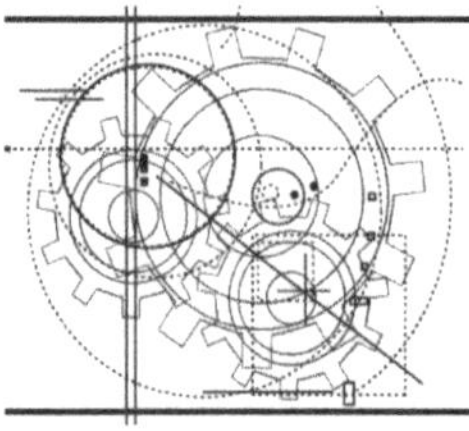

Die Menschen haben große Pläne zur Transformation ihrer Städte, aber Gott hat noch größere Pläne. Bitte ihn darum, dir seine Blaupausen zu schenken.

Wenn wir Gottes Blaupause befolgen statt unseren eigenen Ideen nachzugehen, verwirklicht er seine Pläne für unsere Städte. Vor kurzem erfuhr ich, dass es eine Ergänzung zu der Geschichte „Kein Gottesdienst am Sonntag" gibt. Nachdem die Gemeinde acht Monate lang Gebetsspaziergänge durchgeführt hatte, ergänzte Gott seine ursprüngliche Blaupause. Im neunten Monat entschied sich eine weitere Gemeinde in der Umgebung, sich dieser Gemeinde bei ihren Gebetsspaziergängen für die Stadt anzuschließen. Sie begannen immer mit einer gemeinsamen Lobpreiszeit im Stadtpark. Dann taten sie etwas Prophetisches, das sich weitreichend auf ihre Stadt auswirkte: Sie versammelten sich an den vier Stadtgrenzen und beteten. Sie schlugen dort Pfähle ein, nahmen die Stadt für Jesus im Geist ein und proklamierten die Herrschaft Jesu Christi über ihre Stadt.

Zum Schluss des Gottesdienstes kehrten sie wieder in den Park zurück. Dort dankten sie Gott für das, was er getan hat und für die Zeugnisse, die sie gehört haben. Anschließend aßen sie gemeinsam zu Mittag. Ich glaube, die Kraft der Einheit dieser beiden Gemeinden ist nur der Anfang der Transformation der Umgebung. Diese Geschichte ist ein Beweis dafür, dass Gott durch einen Menschen, der die Transformation seiner Stadt im Herzen trägt, Großes tun kann. Begeistert dich dieses Zeugnis? Was wird Gott durch dich bewirken? Es wird deine Vorstellungskraft übersteigen!

NOAHS BLAUPAUSE

Es macht Spaß, über Gottes Blaupausen in der Bibel zu lesen. Das Alte sowie das Neue Testament sind voll seiner weitreichenden Blaupausen. Erinnerst du dich an Noahs Geschichte? Zu Noahs Lebzeiten gab es viel Bosheit und Gewalt in der Welt. Die Herzen der Menschen waren allezeit nur böse. Das hat Gott so betrübt, dass er schwor, den Menschen, alles Vieh und *„bis zum Gewürm und bis zu den Vögeln des Himmels"* zu vertilgen.

Noah war ein einfacher Mann, der mit Gott wandelte. Er fand Gnade in den Augen des Herrn, darum hat Gott mit ihm einen Bund geschlossen. Seine Familie und die Tiere sollten vor der Vertilgung beschützt werden. Gott gab Noah eine Blaupause und sagte ihm, er solle ein Männchen und ein Weibchen von jeder Tierart in die Arche bringen. Das würde den Samen von allem, was Gott erschaffen hatte, am Leben erhalten. Gott offenbarte Noah die genauen Maße der Arche und teilte ihm mit, welche Baumaterialien er benötigen würde. Diese Blaupause enthielt Einzelheiten über die Innenarchitektur, die drei Stockwerke, die Tür, das Fenster und die einzelnen Räume:

> *Mache dir eine Arche aus Tannenholz; in Räume sollst du die Arche teilen und sie innen und außen mit Pech überziehen. Und so sollst du sie machen: 300 Ellen lang soll die Arche sein, 50 Ellen breit, 30 Ellen hoch. Eine Lichtöffnung sollst du für die Arche machen, eine Elle hoch ganz oben an der Arche sollst du sie ringsherum herstellen; und den Eingang der Arche sollst du an ihre Seite setzen. Du sollst ihr ein unterstes, zweites und drittes Stockwerk machen.* (1 Mo 6,14-16)

Bis zu diesem Zeitpunkt hatte es noch nie eine Flut gegeben, welche die Erde bedeckte, und Noah hatte keine Ahnung, was da kommen würde. Er war gehorsam und befolgte die Blaupause Gottes, obwohl er nicht wusste, was vor ihm lag. Obwohl er nicht alles verstand, vertraute Noah Gott und baute die Arche genau nach der Blaupause, die Gott ihm gegeben hatte. Auf Gottes Anweisungen hin ging Noah mit seiner Familie und den ganzen Tieren in die Arche hinein, und Gott schloss die Tür zu. Vierzig Tage und vierzig Nächte lang regnete es in Strömen und zerstörte alles, was auf der Erde war. Noah, seine Familie und die Tiere wurden gerettet, weil Noah die von Gott erhaltene Blaupause im Gehorsam ausführte. Gott gebrauchte diesen einfachen Mann, um die ganze Schöpfung zu retten und zu befreien, weil er wusste, Noah würde seine Blaupause genau befolgen.

Gott liebt deine Stadt. Er wünscht sich so sehr, dass sie die Bestimmung erfüllt, die er für sie vorgesehen hat. Wie würde es aussehen, wenn eine Gruppe von Fürbittern Gott um seine Blaupausen für die Transformation der Stadt bitten würde? Wären sie bereit, alles bis ins letzte Detail nach seinem Plan auszuführen? Bist du bereit, ein Noah zu sein, damit deine Stadt errettet wird? Bitte Gott um seine Blaupause für die Transformation deiner Stadt.

DIE BLAUPAUSE FÜR DIE STIFTSHÜTTE

Ein anderes alttestamentliches Beispiel einer von Gott gegebenen Blaupause ist die Geschichte von Mose und den Kindern Israels, wie sie durch die Wüste auf dem Weg zum verheißenen Land wanderten. Gott wünschte sich eine Wohnung, in der er nahe bei seinem Volk sein konnte. Mose verbrachte vierzig Tage und vierzig Nächte auf dem Berg Sinai in der Herrlichkeit des Herrn. Dort schenkte Gott ihm stark detaillierte Blaupausen von der Stiftshütte – Gottes Wohnung auf Erden.

Durch die Bibel hindurch lesen wir von verschiedenen Blaupausen, die Gott Männern und Frauen anvertraute. Es gab Blaupausen zur Zerstörung und Eroberung von Feinden, wie bei Josua und dem Kampf um Jericho. Die Geschichte von Esther ist eine Blaupause davon, wie Gott eine hübsche, junge, jüdische Frau gebrauchte, um die Nation Israel zu retten. Entsprechend den Blaupausen Gottes wurden Könige gekrönt oder entthront. Nehemia leitete trotz großer Widrigkeiten den Wiederaufbau der Mauer Jerusalems, weil der Herr ihm eine Blaupause gegeben hatte. Und die großartigste Blaupause Gottes aller

Zeiten war sein Plan der Erlösung und des ewigen Lebens für alle durch das Geschenk seines Sohnes, Jesus, unseren Messias.

Deine Stadt hat eine besondere, von Gott gegebene Bestimmung. Sie hat Gaben und Berufungen, die keine andere Stadt besitzt. Gott hat euch als Fürbitter berufen, seinen Plan für eure Stadt auszuführen und zu vollenden. Die Blaupause liegt schon vollständig im Himmel bereit. Jetzt bist du gefordert, sie vom Herrn zu erbitten. Er wird sie dir geben, damit du sie auf Erden umsetzen kannst.

DREI LANGSTIELIGE ROTE ROSEN

Gottes Blaupausen können unkonventionell und spannend sein. Ich möchte dir von einer besonderen Blaupause erzählen, die Gott mir gegeben hat. Er hatte für eine Gruppe von uns Fürbittern eine besondere Aufgabe in unserer Stadt. Diese Aufgabe hatte mit etwas zu tun, das sein Herz sehr betrübte.

Nachdem wir eine Zeit lang in seiner Gegenwart verweilten, erzählte unsere Leiterin uns von der Blaupause, die Gott ihr gezeigt hat. Wir sollten drei langstielige Rosen kaufen und zur Klinik der „Planned Parenthood" (die landesweit leitende Organisation für Abtreibung – Anm. d. Übers.) fahren. Das war unsere Aufgabe für den Tag.

Fürbitter besuchen diese Klinik regelmäßig, doch für diesen Tag hatte Gott einen besonderen Plan. Prophetisch und symbolisch stellt die Rose Jesus dar, die „Rose im Tal" (Hld 2,1). Die roten Blätter stellen das Blut Jesu dar, das am Kreuz auch für alle Babys vergossen wurde, die das Licht der Welt nicht erblicken durften.

Die Blaupause zeigte uns, dass wir die Blätter von zwei der Rosen entfernen, sie draußen um die Klinik verstreuen und dabei das Leben proklamieren sollten. Das war eine prophetische Handlung, die das Vergießen des Blutes Jesu repräsentierte. Anschließend sollte die Leiterin die dritte Rose jemandem innerhalb der Klinik überreichen und ihm von der Liebe Gottes erzählen. Wir taten genau das, was Gott uns durch die Blaupause gezeigt hatte. Wir fügten nichts hinzu und ließen nichts weg.

Es begeistert mich immer wieder, wenn Gott seine Blaupause bestätigt, so wie an jenem Tag. Als wir unser Auto ungefähr einen Häuserblock von der Klinik entfernt parkten, waren wir sehr überrascht, einen riesigen Strauch roter Rosen in voller Blüte zu entdecken. Gott hatte uns seine Blaupause durch diesen wunderschönen Rosenstrauch bestätigt. Vielleicht fragst du dich, was das alles bedeutet? Oft erhalten prophetische Fürbitter Blaupausen von Gott und führen sie aus, ohne sofort irgendwelche Ergebnisse zu sehen. Das war eine dieser Situationen – wir haben keine sofortigen Resultate sehen können. Wir wussten nicht, was Gott in der geistlichen Atmosphäre oder in den Herzen der Menschen dort tun würde. Wir wussten nur, die Blaupause kam von Gott, und so waren wir gehorsam und taten, was er uns angeordnet hatte. Jetzt war Gott dran, die Ergebnisse entsprechend seines Planes herbeizuführen. Wir haben unseren Teil getan und wussten, Gott wird auch seinen Teil tun.

DREI JAHRE NACH „DEN DREI ROSEN“

Die Geschichte war damit aber noch nicht zu Ende, und ich spüre, sie wird noch lange andauern und viele erstaunliche Zeugnisse hervorbringen. In diesem Jahr, drei Jahre nachdem wir die Blaupause Gottes von den drei Rosen ausführten, tat Gott etwas Unglaubliches. „Planned Parenthood“ lud das „CareNet“-Schwangerschaftszentrum ein, an einem Seminar teilzunehmen, um seine Werte und Ziele mitzuteilen. Man wollte herausbekommen, ob die beiden Institute zusammenarbeiten könnten! „CareNet“ ist ein Schwangerschaftszentrum vor Ort, das sich dem Ziel gewidmet hat, Leben zu retten. Es unterstützt Schwangere und will leidende und zerrüttete Frauen mit der Hoffnung Jesu Christi erreichen. „Planned Parenthood“ wollte mit „CareNet“ zusammenarbeiten und stimmte zu, alle Frauen, die ihre Babys nicht abtreiben wollten, dorthin zu schicken. Unmittelbar nach dem Seminar schickte „Planned Parenthood“ bereits die erste Schwangere zu „CareNet“. Dadurch wurde bereits ein erstes Leben gerettet. Wir glauben, dass noch viele Schwangere zu „CareNet“ geschickt und ihre Babys gerettet werden.

Kann es sein, dass die Gebete und prophetischen Handlungen der Fürbitter etwas mit diesem Ereignis zu tun hatten? Ich glaube ja. Und ich glaube, wir werden daran Teil haben, dass noch viele Babys gerettet werden. Wir dienen einem Gott, der das Unmögliche möglich macht.

Nun wird es an der Zeit, dass du eine Blaupause von Gott für die Transformation deiner Stadt erhältst. Spürst du, wie die Begeisterung in dir hochsteigt? Gott rührt bei dir die Sehnsucht auf, dass deine Stadt verändert und transformiert wird. Fragst du dich schon, wie die Blaupause aussieht und worum Gott dich bitten wird? Es ist so einfach. Bitte ihn, und er wird dir die Blaupausen für die Transformation deiner Stadt schenken.

PERSÖNLICHE ANWENDUNG

Gott hat nicht nur Blaupausen für Städte und Nationen, er hat auch welche für unser persönliches Leben. Setze die fünf Maßnahmen, die wir beschrieben haben, auf persönlicher Ebene um und frage Gott, was er in deinem Leben hineinsprechen und tun möchte. Seine Antworten und Anweisungen bilden die Blaupausen für dein eigenes Leben. Je mehr du ihn um Antworten und Anweisungen bittest, desto mehr wird er dir zeigen.

Gott wartet nur darauf, alle Blaupausen freizusetzen, die er für dich bereit hält. Bitte, ja bitte einfach, so wird dir gegeben.

SCHLÜSSEL 5

AUFGABEN VON GOTT

Sobald wir eine Blaupause von Gott erhalten, können wir anfangen, sie umzusetzen. Eine Blaupause ist der Plan für eine Aufgabe. Was für ein Vorrecht ist es, von Gott eine Aufgabe zu erhalten!

Der fünfte Schlüssel heißt, eine Aufgabe vom Herrn zu empfangen. Es ist zwingend erforderlich, dass wir unsere Aufgabe genau nach den Anweisungen der Blaupause ausführen. Wir fügen nichts hinzu und lassen nichts weg (außer wenn Gott das anordnet).

Vielleicht haben wir selbst einige gute Ideen, doch es ist viel wichtiger zu erkennen, was Gottes Absichten mit seiner Blaupause sind. Manchmal ist die Blaupause sehr detailliert, manchmal sehr einfach. Wenn wir dabei sind, die Aufgabe zu erfüllen, kann es passieren, dass er die Blaupause ergänzt. Wenn du den Eindruck hast, die Blaupause wird ergänzt, ist es wichtig, nachzufragen: „Bist du das, Herr? Höre ich dich richtig?“ Wenn diese Ergänzung von ihm stammt, dann führe sie zu Ende. Wenn der

Herr Anweisungen erteilt, erwartet er von uns, dass wir sie auf seine Art und Weise ausführen. Schließlich weiß er genau, was wirksam sein wird. Wir müssen uns selber keine Gedanken darüber machen, wie wir die Aufgabe erfüllen würden. Sein Plan und seine Blaupause wurden im Himmel erstellt, und er wartet nur darauf, dass wir ihn darum bitten, sie uns zu zeigen.

Jahrelang befolgte ich seine Anweisung, nichts zur Blaupause hinzuzufügen oder von ihr wegzunehmen. Vor kurzem sprach der Herr mit mir darüber. Er sagte mir, er könne mir jetzt vertrauen, und ich dürfe die Aufgaben ergänzen. Wenn ich das mache, spreche ich mich mit ihm ab, um sicher zu stellen, dass meine Ideen von ihm stammen. Frage immer nach, ob deine Pläne mit seinen Plänen übereinstimmen. Wir wollen immer nur das sagen und tun, was der Vater sagt und tut – genauso wie Jesus es tat.

Denke daran: Eine Blaupause ist etwas Vorhandenes, das als Vorlage für etwas Künftiges dienen kann. Unsere Aufgabe ist es, die Blaupausen nach Gottes Anweisungen auszuführen. Die folgenden Psalmen passen hier sehr gut:

> *Und die Freundlichkeit des Herrn, unsres Gottes, sei über uns, und das Werk unsrer Hände fördere du für uns, ja, das Werk unsrer Hände wollest du fördern!*
> (Ps 90,17)

> *Groß sind die Werke des Herrn, erforscht von allen, die sie lieben.* (Ps 111,2)

Diese Psalmen eignen sich sehr gut dazu, sie über unseren Aufgaben auszurufen. Wir wollen uns nicht einfach mit irgendetwas beschäftigen, sondern in Sachen des Vaters unterwegs sein. Wir wollen sicher stellen, dass wir seine Aufgaben auf seine Art und Weise ausführen.

Mache dich bereit!

Wir als Team erhalten unsere Aufgaben vom Herrn folgendermaßen: Das Team trifft sich zu einem vorgegebenen Termin jede Woche in der Gebetskapelle unserer Gemeinde. Jeder Fürbitter kommt voll des Heiligen Geistes dorthin und ist gespannt, aufmerksam und voller Erwartung.

Diese Vorbereitung schafft eine Grundlage für große Dinge. Wir sind durch die Einheit der Gruppe im Geist verbunden und sprechen die gleiche Sprache. Wir verweilen ungefähr eine halbe Stunde lang in Gottes Gegenwart, ausschließlich um zu hören, was sein Herz bewegt. Wir bitten ihn um seine Aufgabe für den Tag und wollen es dabei genauso machen wie Jesus in Johannes 5,19.

Ich erwähnte bereits, dass die Blaupause während unserer Zeit in Gottes Gegenwart entsteht. Wenn wir eine Zeit lang in Gottes Gegenwart verbracht haben, tauschen wir uns als Team aus und hören, was Gott den Einzelnen gesagt hat.

Es ist erstaunlich zu sehen, wie alles, was Gott den Einzelnen zeigt, wunderbar zusammenpasst. Das wirst du auch erleben. Er spricht zu jedem das Gleiche, aber auf verschiedene Weisen. Das ist ähnlich wie ein Puzzle – es braucht etwas Zeit, alle Teile zusammenzufügen, doch schließlich kommt seine Blaupause zum Vorschein!

Wir haben vielleicht selbst einige gute Ideen, aber es ist viel wichtiger, dass wir erkennen, was Gottes Absichten mit seiner Blaupause sind.

Wir nehmen die Blaupausen in unseren Herzen auf und machen uns auf den Weg, um die Aufgabe, die wir von Gott bekommen haben, auszuführen.

EINE AUFGABE MIT EINEM GROSSEN SIEG

Das Alte und das Neue Testament sind voll von Geschichten mächtiger Männer und Frauen, die Gott stets um Wegweisung gebeten haben. Besonders bei Kriegen war Wegweisung wichtig. Gott gab den Menschen eine Blaupause. Sie nahmen sie als Aufgabe von Gott an und führten sie aus.

Im Alten Testament werden viele Siege, aber auch Niederlagen beschrieben. Niederlagen waren die Folge dessen, dass Menschen ihre Aufgaben nicht genau nach der Blaupause ausführten. Erfolgreich waren diejenigen, welche die Aufgabe genau befolgten, auch wenn ihnen die Blaupause nicht verständlich war. Gott hat den Menschen, die ihre Aufgaben genau nach seinem Plan ausführten, große Siege beschert.

Josaphat war ein Mann im Alten Testament, der eine außerordentliche Aufgabe von Gott erhielt und sie sehr siegreich ausführte. Das Land Juda gedieh unter König Josaphat. Er wandelte in den Wegen Davids, suchte den Herrn und hielt seine Gebote (siehe 2 Chr 17,3-4).

Josaphat war sehr beliebt, wohlhabend und mächtig. Die Könige um ihn herum hatten Angst vor ihm. Die Angst war so groß, dass sich drei Länder zusammenschlossen, um zu planen, wie sie Juda zerstören konnten. Als Josaphat von ihren Plänen hörte, fürchtete er sich und rief ein Fasten in ganz Juda aus. Er trat vor das ganze Volk und betete, Gott möge ihnen den Sieg schenken. Dann sprach der Herr durch den Propheten Jehasiel:

> *Aber es ist nicht an euch, dort zu kämpfen. Tretet nur hin und bleibt stehen und seht die Rettung des Herrn, der mit euch ist! O Juda und Jerusalem, fürchtet euch nicht und verzagt nicht! Zieht morgen aus gegen sie, und der Herr ist mit euch!* (2 Chr 20,17)

Josaphat beugte sich mit seinem Angesicht zur Erde. Das ganze Volk Juda fiel vor dem Herrn nieder und betete ihn mit lauter Stimme an. Die Aufgabe für den Kriegstag war es, die Sänger vor der Armee hinauszusenden, was eigentlich keinen Sinn machte. Aber Josaphat befolgte die Anweisungen genau, und die Sänger gingen voraus und sangen dem Herrn ihre Loblieder.

Die größte Ehre und das größte Vorrecht im Leben ist es, eine Aufgabe, die Gott einem gibt, auszuführen.

Gott wusste, was er tat – so wie immer. Er bereitete einen Hinterhalt vor. Als die Sänger anfingen, Gott zu preisen, brachte das die drei Nationen durcheinander, die vorgehabt hatten, Juda zu zerstören. Sie bekämpften sich gegenseitig und brachten einander um. Das Volk Juda jubelte und pries Gott dafür, dass er sie von ihren Feinden befreite.

Josaphats Leben ist ein großartiges Beispiel für uns. Er betete den Herrn an, fastete und verbrachte Zeit in Gottes Gegenwart. Das war sein Lebensstil. Und er tat das nicht nur, wenn er einer Bedrohung ausgesetzt war. Als Gott ihm eine außergewöhnliche Aufgabe zuteilte, befolgte Josaphat die Anweisungen, und Gott schenkte ihm den Sieg.

Stell dir vor, was passiert wäre, wenn Josaphat die Aufgabe nicht genau nach Gottes Anweisungen ausgeführt hätte. Der Stamm Juda hätte völlig ausgerottet werden können. Diese Geschichte soll uns ermutigen, unsere Aufgaben genau auszuführen. Wir müssen genau das tun, was Gott uns sagt, egal wie ausgefallen es klingt.

SCHWÄNE IN HOHEN ORTEN

Es war ein wunderschöner Tag. Mein Gebetsteam traf sich wie vereinbart in der Gebetskapelle und betete, um Gottes Blaupause für den Tag zu bekommen. Einige von uns hörten die Worte „hoher Ort". Eine Person hörte „die Segnungen Gottes". Wir waren uns darüber einig, dass es Gottes Aufgabe für uns war, an einen hohen Ort zu gehen, um Gottes Segen über unsere Stadt auszurufen.

Wir entschieden uns für ein offenes, unbebautes Grundstück, das wir kannten. Von dort aus hat man einen weiten Blick auf die Stadt. Wir kamen an diese „hohen Ort" und waren gespannt, was Gott tun würde. Dieses Grundstück wird sehr selten besucht, doch an jenem Tag parkten dort ein Lastwagen und zwei Autos. Das Grundstück war aber sehr groß, und wir waren ziemlich weit von den Fahrzeugen entfernt.

Die Sonne schien und eine leichte Brise war zu spüren. Wir genossen es, an der frischen Luft zu beten und den Herrn zu preisen. Eine der Fürbitterinnen wurde auf den Lastwagen aufmerksam. Es war ein Schwan-Lastwagen. Schwan-Lastwagen fahren von Haus zu Haus und verkaufen Milch, Eis und Lebensmittel. Auf der Seite des Lastwagens war ein großer, weißer Schwan aufgemalt. Wir nahmen an, dass der Fahrer kurz anhielt, um seine Mittagspause zu machen.

Die Fürbitterin nahm ihr Smartphone zur Hand und suchte nach den Bedeutungen von Schwänen. Ein Schwan steht für Liebe, Gnade, Einheit, Reinheit, Eleganz, Partnerschaft und Transformation. Der Herr wollte, dass wir diese Worte im Gebet proklamieren. Wir begannen sofort damit, diese Worte über unsere Stadt und unseren Tag auszurufen. Sei dafür offen, dass Gott dir originelle Aufgaben gibt. Sei bereit, dich mit ihm in seiner Kreativität zu verbünden.

DIE AUFGABE, WELCHE DIE WELT VERÄNDERTE

Folgende Geschichte lesen wir im Neuen Testament. Es ist kurz nach der Auferstehung Jesu, und er war noch nicht zu seinem Vater in den Himmel aufgefahren. Jesus war zusammen mit seinen Jüngern und gab ihnen eine Aufgabe:

Und als er mit ihnen zusammen war, gebot er ihnen, nicht von Jerusalem zu weichen, sondern die Verheißung des Vaters abzuwarten, die ihr — so sprach er — von mir vernommen habt, denn Johannes hat mit Wasser getauft, ihr aber sollt mit Heiligem Geist getauft werden nicht lange nach diesen Tagen. (Apg 1,4-5)

Nachdem Jesus ihnen diese Aufgabe erteilte, fuhr er fort:

Sondern ihr werdet Kraft empfangen, wenn der Heilige Geist auf euch gekommen ist, und ihr werdet meine Zeugen sein in Jerusalem und in ganz Judäa und Samaria und bis an das Ende der Erde! (Apg 1,8)

Dann sahen die Jünger verwundert zu, wie Jesus in den Himmel auffuhr, und befolgten anschließend seine Anweisungen, indem sie nach Jerusalem gingen und dort im Obergemach blieben:

Diese alle blieben beständig und einmütig im Gebet und Flehen, zusammen mit den Frauen und Maria, der Mutter Jesu, und mit seinen Brüdern. (Apg 1,14)

Etwa hundertzwanzig Menschen harrten dort gemeinsam vierzig Tage lang aus. Dann passierte plötzlich etwas Unvorstellbares:

Und als der Tag der Pfingsten sich erfüllte, waren sie alle einmütig beisammen.

Und es entstand plötzlich vom Himmel her ein Brausen wie von einem daherfahrenden gewaltigen Wind und erfüllte das ganze Haus, in dem sie saßen. (Apg 2,1-2)

Viele Menschen in Jerusalem sahen und hörten, was Gott tat. Sie waren voll Spott und Hohn und wollten nicht glauben. Petrus stand in ihrer Mitte auf und sagte, die Prophetie des Joels würde hiermit erfüllt (siehe Joel 2,28). Eine große Erweckung begann, als Petrus predigte und von Jesus erzählte. An dem Tag bekehrten sich dreitausend Menschen und wurden der Gemeinde hinzugetan.

Als die Jünger die Gute Nachricht von Jesus beharrlich weiter predigten, geschahen Zeichen und Wunder überall wo sie hinkamen. Unsere jetzige Welt wurde durch die Hingabe dieser Jünger verändert und durch ihre Bereitschaft, die Aufgabe auszuführen, die Jesus ihnen erteilt hatte.

Es ist schwer vorstellbar, wie unsere Welt heute aussehen würde, wenn die Jünger damals nicht konsequent ihre Aufgabe ausgeführt hätten. Wirst du die Aufgaben, die Gott dir für deine Stadt gibt, annehmen und ergreifen? Wirst du sie unerschütterlich und hingegeben ausführen, egal wie sie aussehen?

Ich glaube, die Aufgaben, die Gott uns für unsere Stadt schenkt, sind nur ein Anfang. Die Veränderungen, die durch diese Aufgaben in unsere Städte herbeigeführt werden, laufen dann in „ganz Judäa und Samaria und bis an das Ende der Erde“ über. Glaubst du das auch?

Lebenslange Aufgabe: Verdorrte Gebeine

Gott hat für jedes seiner Kinder einen Plan, und jeder Plan sieht anders aus. Er hat eine besondere Aufgabe für einen jeden von uns, die sonst kein anderer erfüllen kann. Jeder, den Gott zum Dienst des Fürbittens beruft, hat eine andere Aufgabe in Gottes Reich.

Mein Freund Paul hat seit 28 Jahren eine unveränderte Aufgabe vom Herrn, und vermutlich wird er dieser Aufgabe nachgehen, so lange er lebt. Ja, Gott beruft auch Männer in die Fürbitte, und diese Männer sind seine starken Fürbitter-Helden. Als Gott meinen Freund Paul in die Fürbitte berief, reagierte er wie die meisten am Anfang: „Ich hätte mir das nicht als Berufung ausgesucht." Er war auf einer Konferenz, bei der über Fürbitte gelehrt wurde. Paul erzählt, was mit ihm auf dieser Konferenz passiert ist:

Mein erster Gedanke war: „Warum würde jemand das jemals tun wollen?" Der Redner hatte nämlich gebetet: „Herr, kennzeichne die Herzen derer hier, die du in die Fürbitte berufen hast." Ich wollte gerade sagen: „Ich nicht. Ich mag keine Gebetslisten." Doch in dem Moment kam es mir vor, als würde mir jemand einen schweren Speer in meine Brust stoßen, mich vom Boden aufheben, in die Luft schleudern und dann den Boden mit mir samt Speer aufwischen. Es tat nicht weh, aber ich zitterte ziemlich. Da war es um mich geschehen: Ich wurde zum Fürbitter, auch wenn ich keine Gebetslisten führte. In den nächsten Monaten hielt ich immer wieder an ungewöhnlichen Orten an, weinte, schluchzte und schrie in den Himmel. Als Nebenwirkung dessen, habe ich einige sehr prophetische Einblicke über Menschen, Orte und andere Dinge erhalten, die mich sehr verblüfft haben.

Einige Zeit später besuchte Paul eine Versammlung, auf der Larry Randolph lehrte. Dort erhielt Paul eine Aufgabe vom Herrn, zusammen mit Hesekiel 37. Er erzählt weiter:

Ich weiß nicht mehr viel von diesem Tag, außer, dass Larry uns vorgeführt hat, wie er manchmal prophezeit.

Er trug Hesekiel 37,1-14 vor und verglich die Knochen, Sehnen, Fleisch und Haut mit dem Leib Christi. Die Gemeinde hat zugelassen, dass Doktrinen sie zu einer Ebene voller Totengebeine machten. Ich wusste, ich habe meine Aufgabe von Gott bekommen. Anfangs versuchte ich, diese Aufgabe zu demonstrieren, indem ich eine Weissagung über den Leib Christi aussprach. Beim ersten Versuch folgte ich den Versen aus Hesekiel.

Das sind die Verse, die Paul verwendete (Hes 37,1-14):

Die Hand des Herrn kam über mich, und der Herr führte mich im Geist hinaus und ließ mich nieder mitten auf der Ebene, und diese war voller Totengebeine. Und er führte mich ringsherum an ihnen vorüber; und siehe, es waren sehr viele auf der Ebene; und siehe, sie waren sehr dürr. Da sprach er zu mir: Menschensohn, können diese Gebeine wieder lebendig werden?

Ich antwortete: O Herr, Herr, du weißt es!

Da sprach er zu mir: Weissage über diese Gebeine und sprich zu ihnen: Ihr verdorrten Gebeine, hört das Wort des Herrn! So spricht Gott, der Herr, zu diesen Gebeinen: Seht, ich will Odem in euch kommen lassen, dass ihr lebendig werdet! Ich will euch Sehnen geben und Fleisch über euch wachsen lassen und euch mit Haut überziehen und Odem in euch geben, dass ihr lebendig werdet; und ihr werdet erkennen, dass ich der Herr bin!

Da weissagte ich, wie mir befohlen war, und als ich weissagte, entstand ein Geräusch, und siehe, eine Erschütterung, und die Gebeine rückten zusammen, ein Knochen zum anderen. Und ich schaute, und siehe, sie bekamen Sehnen, und es wuchs Fleisch an ihnen; und es zog sich Haut darüber; aber es war noch kein Odem in ihnen.

Da sprach er zu mir: Richte eine Weissagung an den Odem; weissage, Menschensohn, und sprich zum Odem: So spricht Gott, der Herr: Odem, komme von den vier Windrichtungen und hauche diese Getöteten an, dass sie lebendig werden! So weissagte ich, wie er mir befohlen hatte. Da kam der Odem in sie, und sie wurden lebendig und stellten sich auf ihre Füße — ein sehr, sehr großes Heer. Und er sprach zu mir: Menschensohn, diese Gebeine sind das ganze Haus Israel. Siehe, sie sprechen: „Unsere Gebeine sind verdorrt, und unsere Hoffnung ist verloren; es ist aus mit uns!" Darum weissage und sprich zu ihnen: So spricht Gott, der Herr: Siehe, ich will eure Gräber öffnen und euch, mein Volk, aus euren Gräbern heraufbringen, und ich will euch wieder in das Land Israel bringen; und ihr sollt erkennen, dass ich der Herr bin, wenn ich eure Gräber öffne und euch, mein Volk, aus euren Gräbern heraufbringen werde. Und ich werde meinen Geist in euch legen, und ihr sollt leben; und ich werde euch wieder in euer Land bringen; und ihr werdet erkennen, dass ich der Herr bin. Ich habe es gesagt und werde es auch tun!, spricht der Herr.

Und das war der Anfang einer lebenslangen Aufgabe für Paul. Er erzählt:

So habe ich die Weissagung über eine Stadt oder Region ausgerufen: Anfangs nahm ich mir ausreichend Zeit und suchte mir einen Hügel oder ein Gebäude, von wo aus ich die Region oder die Stadt sehen konnte.

Ich las die Verse 4-6 laut vor und rief über den Leib Christi aus:

„So spricht Gott, der Herr: ‚Kommt zusammen, ihr verdorrten Gebeine. Ich werde euch Muskeln und Sehnen geben, euch mit Fleisch und Haut bedecken.' Doch es ist noch kein Odem in ihnen. So sprach und weissage ich zum Odem, zum Geist Gottes: ‚Hauche deine Gemeinde, den Leib Christi, an. Lass sie sich zu einer mächtigen Armee erheben.'"

Wenn das Wetter schön war, stand ich an einem hohen Ort und proklamierte in alle vier Winde – nach Norden, Süden, Osten und Westen. Seit 1985 habe ich regelmäßig über die verdorrten Gebeine der Gemeinde geweissagt.

Seit 1985 war Gottes Aufgabe für Paul, Hesekiel 37,4-6 über den Leib Christi zu proklamieren, und er macht es heute noch. Er betet zusammen mit anderen über weitere Dinge, aber immer wieder proklamiert er, dass die verdorrten Gebeine zum Leben erweckt werden. Aus beruflichen Gründen ist er von der Ostküste zur Westküste Amerikas umgezogen. Egal wo er hinkommt, sucht sich Paul einen hohen Ort in der Stadt, von wo aus er Hesekiel 37,4-6 über die Gemeinde ausrufen kann, dass sie zu Gott zurückkehrt und zu seiner mächtigen Armee wird.

Als ich das erste Mal hörte, wie Paul zu den verdorrten Gebeinen weissagte, war ich erstaunt und sehr überrascht. Zunächst war alles ganz ruhig. Auf einmal erschallte eine tiefgründige Stimme voller Autorität und Macht. Es war Paul, der mit Hesekiel 37 den Leib Christi aufforderte, zu Gott zurückzukehren. Mir kam der Gedanke, das könnte durchaus die gleiche Stimme sein, die Tausende von Jahren zuvor aus Hesekiel heraus sprach, als er damals zu den verdorrten Gebeinen weissagte.

Gemeinden kommen zusammen

Eine unserer vielen Aufgaben vom Herrn für unsere Stadt ist es, die Einheit der Gemeinden der Stadt auszurufen. Das machen wir bei allen Gebetsspaziergängen.

Außerdem spricht jeder in unserem Team während des Alltags Proklamationen über unsere Stadt aus. Wenn wir im Auto unterwegs sind und an Kirchen vorbeifahren, rufen wir die Einheit der Gemeinden aus. Harmonie und Einheit der Gemeinden in unserer Stadt erscheint bei der Vielfalt an Doktrinen, Lehransätzen und Gewohnheiten fast unmöglich. Doch wir wissen, mit Gott sind alle Dinge möglich, und darum geben wir nicht auf und rufen weiter die Einheit der Gemeinden aus. Soviel wissen wir aus der Bibel:

> *Jesus aber sah sie an und sprach zu ihnen: Bei den Menschen ist dies unmöglich; aber bei Gott sind alle Dinge möglich.* (Mt19,26)

Es überrascht uns manchmal, wenn wir sehen, wie Gott Dinge tut, die wir für unmöglich gehalten haben.

Vor kurzem kam einer der jungen Evangelisten unserer Gemeinde zu mir und bat unser Team um Gebet. Er hatte eine neue Aufgabe vom Herrn bekommen, bei der die Gemeinden unserer Stadt mitmachen sollten.

Wir haben gerne für ihn gebetet. Seine Aufgabe war es, in verschiedenen Wohngegenden zu beten. Er plante, zu den einzelnen Gemeinden in der Stadt zu gehen und sie zu bitten, gemeinsam für die diversen Wohngegenden zu beten. Jeder Gemeinde würde eine Wohngegend zugeteilt bekommen, durch deren Straßen sie betend spazieren sollte. Die Gemeinden der Stadt hatten mitbekommen, dass in vielen Nachbarschaften Einbrüche, häusliche Gewalt und Sachschäden an der Tagesordnung waren.

Viele der Gemeinden stimmten zu und schickten Teams hinaus, um eine bestimmte Wohngegend mit Gebet abzudecken. Sie nahmen ihre Nachbarschaften im Geist ein. Tja, hier scheint sich etwas anzubahnen: Die Gemeinden kommen in Einheit zusammen, ohne zu wissen, was Gott genau vorhat. Unserer Gebete für die Einheit der Gemeinden werden also bereits erhört. Ich glaube, Pauls Deklarationen und die Gebete vieler, die vorangegangen sind, haben hier am Erfolg mitgewirkt.

Was könnte wichtiger sein, als dass Gemeinden zusammenkommen, um für die Wohngegenden in ihrer Stadt zu beten? Sie legten ihre Unterschiede zur Seite, verbündeten sich um ein gemeinsames Ziel und erleben jetzt, wie ihre Stadt durch Einheit im Gebet transformiert wird. Gott hatte die vielen Gebete für die Einheit der Gemeinden gehört und einem radikalen Evangelisten eine Blaupause geschenkt. Er führte seine Aufgabe aus, und nun ist die Einheit der Gemeinden im Gebet für die Wohngegenden mitverantwortlich für die Transformation unserer Stadt. Als Folge der Einheit der Gemeinden im Gebet für die Nachbarschaften gibt es mittlerweile weniger Kriminalität in unserer Stadt, und viele Menschen sind zum Glauben gekommen.

DIE AUFGABE MIT DEN ROSAFARBENEN BÄNDERN

Eines Tages bereitete ich mich im Gebet für einen Gebetsspaziergang mit dem Team vor. Ich hatte den Eindruck vom Herrn, ich sollte etwas rosafarbenes Geschenkband besorgen. Also befolgte ich seine Anweisungen, nahm das Band und schnitt etwa drei Dutzend Streifen von ungefähr 15cm Länge ab. Ich wusste, diese Bänder waren Teil der Aufgabe für das Team an diesem Tag. Obwohl ich nicht wusste, was er geplant hat, befolgte ich seine Anweisungen. Ich wusste wohl, was die Farbe rosa bedeutet, nämlich Freundschaft, neues Leben (wie neugeborene Babys), Gesundheit, Heilung und Weiblichkeit. Unsere Aufgabe könnte also alles Mögliche sein!

Als ich mich mit den anderen zum Gebet und zum Verweilen in seiner Gegenwart traf, erzählte ich erstmal nichts von den Bändern. Wir begaben uns gemeinsam in seine Gegenwart, um von ihm zu hören, was unsere Aufgabe für den Tag sein würde. Danach teilten wir uns gegenseitig mit, was der Herr uns jeweils als Teil der Blaupause geschenkt hat. Ich habe bis zum Schluss gewartet, um dem Team von den Bändern zu erzählen. Hier sind einige Teile der Blaupause:

- Einem Fürbitter gab der Herr folgende Bibelstelle:

Der Geist des Herrn, des Herrschers, ist auf mir, weil der Herr mich gesalbt hat, den Armen frohe Botschaft zu verkünden; er hat mich gesandt, zu verbinden, die zerbrochenen Herzens sind, den Gefangenen Befreiung zu verkünden und Öffnung des Kerkers den Gebunde-

nen, um zu verkündigen das angenehme Jahr des Herrn und den Tag der Rache unseres Gottes, und um zu trösten alle Trauernden; um den Trauernden von Zion zu verleihen, dass ihnen Kopfschmuck statt Asche gegeben werde, Freudenöl statt Trauer und Feierkleider statt eines betrübten Geistes, dass sie genannt werden »Bäume der Gerechtigkeit«, eine »Pflanzung des Herrn« zu seinem Ruhm. (Jes 61,1-3)

- Ein anderer erzählte von einer Konferenz, bei der viele Heilungen passiert sind.
- Jemand spürte, der Herr wollte Frauen hervorheben. Sie sah im Geist immer wieder Gruppen von Frauen diversen Alters.
- Der nächste hörte die Worte „göttliche Gesundheit, göttliche Gesundheit."
- Und ich hatte die rosafarbenen Bänder, ein Symbol für Gesundheit und Heilung.

Offensichtlich ging es in unserer Blaupause vom Herrn um emotionale und körperliche Heilung. Was würde also unsere konkrete Aufgabe sein? Wir waren uns eins: Wir sollten zum Krankenhaus gehen, um für Menschen – aber vor allem für Frauen – zu beten. Wir würden dann die rosafarbenen Bänder überall anbringen, wo es möglich war, und dabei beten. Wir hatten nun die Blaupause und unsere Aufgabe, also machten wir uns auf den Weg zu unserem Gebetsspaziergang.

Gott erstaunt uns immer wieder. Worte können seine Größe nicht beschreiben. Als wir im Krankenhaus ankamen, um dort unseren Gebetsspaziergang durchzuführen, hielt er für uns eine riesige Überraschung bereit. Überall an den Bäumen um das Krankenhaus herum hingen rosafarbene Bänder! Es war Brustkrebs-Aktionsmonat, doch keiner von uns wusste davon. Was für einem mächtigen Gott dienen wir! Seine Aufgabe für uns war es, für diese Frauen zu beten, besonders für Brustkrebskranke. Er hatte laut und deutlich gesprochen.

Ich hoffe, diese Zeugnisse begeistern dich, denn er hat auch Aufgaben und Blaupausen für dich. Geh an deinen geheimen Ort und erfahre, welche Aufgabe er für dich bereit hält. Was spricht er und was tut er? Manchmal gibt er dir Aufgaben, die du alleine ausführen sollst, manchmal welche, die in Gruppen ausgeführt werden sollen. Tu das, was auch immer der Vater dir sagt. Hab Spaß dabei. Mit dem Herrn etwas zu unternehmen, ist ein riesiges Abenteuer.

PERSÖNLICHE ANWENDUNG

Haben dich Gottes Blaupausen für dein Leben erstaunt und aufgeklärt?

Er hat individuelle Blaupausen für jeden von uns. Unsere Aufgabe ist es, diese Blaupausen genau nach seinen Anweisungen auszuführen. Manchmal offenbart er uns eine einzige Blaupause, manchmal mehrere auf einmal. In der Regel bekommen wir nur eine Blaupause, und die nächste erst dann, wenn wir die erste Aufgabe ausgeführt haben. Es ist sehr wichtig für uns, die Blaupausen als Aufgaben von Gott anzusehen und anzunehmen. Befolge jede Blaupause, und du wirst bereit sein für deine nächste lebensverändernde Aufgabe.

SCHLÜSSEL 6

GEBETSSPAZIERGÄNGE

Der sechste Schlüssel zur Transformation von Städten heißt Gebetsspaziergänge. Ein Gebetsspaziergang ist eine aktive Handlung, die du durchführst, nachdem du eine Blaupause und eine Aufgabe von Gott erhalten hast. In diesem Stadium hat er dich bereits ermächtigt und dir die Vollmacht gegeben, in seinem Namen zu handeln. Er lässt Fluten der prophetischen Fürbitte in dir aufquellen, die dann in deine Stadt hineinfließen.

Wir sehen mittlerweile große Transformation, die in der ganzen Welt durch Gebet geschehen ist. Und das betrifft nicht nur eine kurze Zeit – es ist erst der Anfang. Ich glaube, Fürbitte kommt bald in ihre tiefste und spannendste Phase aller Zeiten. Ich bin zuversichtlich, dass wir in einer Epoche leben, die die Welt maßgeblich verändern wird. Diese Veränderung wird andauern, bis Christus wiederkehrt.

Wie können sich Fürbitter an dieser Veränderung beteiligen? Indem sie eine tiefe, leidenschaftliche Beziehung zu Gott aufrechterhalten. Fürbitte ist das Ergebnis einer Beziehung, und die Beziehung entsteht durch die Zeit, die man am geheimen Ort mit ihm verbringt.

Gebetsspaziergänge beginnen am geheimen Ort. Deswegen ist der Abschnitt über den geheimen Ort so wichtig. Wenn wir Zeit mit ihm verbringen, erfahren wir, was sein Herz bewegt und bekommen seine intimsten Gedanken mit. Sein Herz ist mit unserem Herzen verbunden, und unser Geist mit seinem Geist. Wir werden „Herz an Herz" und „Geist an Geist" mit Gott sein. Daraus folgt eine Beziehung zu ihm, die uns große Freude und tiefen Frieden bei der Erfüllung unserer Bestimmung als Fürbitter bereitet. Je tiefer unsere Beziehung zu ihm ist, desto mehr wird er uns offenbaren, was sein Herz bewegt, damit wir seine Absichten auf Erden durch unsere Gebetsspaziergänge erfüllen.

DEKLARATIONEN UND PROKLAMATIONEN

Ein wesentlicher Bestandteil von Gebetsspaziergängen sind Deklarationen und Proklamationen. Man kommt von Bittgebeten weg und fängt an, im Gebet zu deklarieren und zu proklamieren. Bittgebete sind immer noch wichtig, aber Gott fügt dem Gebet eine neue Dimension hinzu. Bei dieser Art von Fürbitte, sprechen wir positive Deklarationen und Proklamationen aus.

Schauen wir uns die Bedeutungen dieser beiden Worte aus dem Noah Webster Lexikon an:

Deklarieren

1. klären, durchsichtig machen, leicht verständlich machen

2. bekanntmachen, eindeutig bekanntgeben

3. veröffentlichen, proklamieren[1]

Proklamieren

1. verkünden, ansagen, veröffentlichen

2. in Ehren deklarieren, z.B. den Namen des Herrn verkündigen

3. offen aussprechen, öffentlich machen

In der Bibel steht, wir sollen deklarieren und proklamieren:

> *Du wirst eine Sache deklarieren, und es wird für dich eingerichtet werden. Das Licht wird über deinen Weg strahlen.* (Hi 22,28 – Übersetzung der englischen NASV-Version 1977)

> *Deklariere seine Herrlichkeit unter den Heiden, unter allen Völkern seine Wunder!* (Ps 96,3 – Übersetzung der englischen NASV-Version 1977)

Wie mit jeder Form der Fürbitte, sollen wir zunächst vor Gott treten – sowie Jesus es getan hat – bevor wir mit unseren Deklarationen und Proklamationen beginnen. Wir müssen ihn fragen, wie und was wir beten sollen.

> *Denn ich habe nicht aus mir selbst geredet, sondern der Vater, der mich gesandt hat, er hat mir ein Gebot gegeben, was ich sagen und was ich reden soll.* (Joh 12,49)

Gott beruft uns, auf diese Art und Weise zu beten. Wir sollen uns auf die Lösungen und Antworten konzentrieren, nicht auf die Probleme. Wir proklamieren und deklarieren also die Antworten. Das machen wir, indem wir positive Deklarationen und Proklamationen machen.

Ein Gebetsspaziergang ist eine aktive Handlung, die du durchführst, nachdem du eine Blaupause und eine Aufgabe von Gott erhalten hast.

Bevor wir mit einem Gebetsspaziergang beginnen, haben wir bereits von Gott die Blaupause und Aufgabe erhalten. Er hat uns bereits mitgeteilt, was wir sagen und tun sollen. Indem wir uns mit seinen Anweisungen eins machen, machen wir uns mit dem Himmel eins und rufen genau das ins Dasein, was Gott auf dem Herzen liegt.

Römer 4,17 verdeutlicht dieses Prinzip im Hinblick auf Abraham:

(Wie geschrieben steht: „Ich habe dich zum Vater vieler Völker gemacht“), vor Gott, dem er glaubte, der die Toten lebendig macht und dem ruft, was nicht ist, als wäre es da.

Wie wahr ist der Spruch: „Unsere Worte schaffen Welten.“ Ja, wenn wir in positiver Weise proklamieren und deklarieren, was Gott gerade sagt, rufen wir Dinge, die nicht sind, als wären sie da. Wie spannend ist es, ein Fürbitter für Gott und sein Reich zu sein!

Wenn wir dem Herrn folgen und das, was sein Herz bewegt, über unsere Stadt deklarieren, erleben wir eine erstaunliche Transformation mit. Deklarationen steigern die Eigendynamik, und je mehr wir deklarieren, desto mehr

Eigendynamik entsteht – bis die Transformation eintritt. Der Herr sagt uns sogar, wir sollen das, was ihm wichtig ist, von den Dächern verkündigen:

> *Was ich euch im Finstern sage, das redet im Licht, und was ihr ins Ohr hört, das verkündigt auf den Dächern!* (Mt 10,27)

Wenn wir Deklarationen machen, die Gott uns gibt, gehen sie hinaus und führen seinen Plan durch:

> *Genau so soll auch mein Wort sein, das aus meinem Mund hervorgeht: Es wird nicht leer zu mir zurückkehren, sondern es wird ausrichten, was mir gefällt, und durchführen, wozu ich es gesandt habe!* (Jes 55,11)

Die meisten Menschen erkennen die Macht ihrer prophetischen Deklarationen und Proklamationen nicht. Damit wir Gottes Vollmacht hinter den Worten „deklarieren“ und „proklamieren“ besser verstehen, schauen wir uns ein paar Synonyme an, z.B.: rufen, bekanntgeben, laut ausrufen, befehlen, diktieren und übertragen.

Wenn du einmal etwas deklariert hast, was Gott dir gesagt hat, setzt das die Verwirklichung der Sache in Gang,die du ausgesprochen hast.

Die Stelle aus Römer 4,17 oben sagt uns, dass Gott *„dem ruft, was nicht ist, als wäre es da.“* Wenn wir unseren Mund öffnen, um Gottes Wort zu deklarieren, durchsetzt er diese Worte mit seiner göttlichen Kraft. Wenn das in unseren Herzen aufgeht und sich mit unserem Glauben verbindet, werden wir die Transformation unserer Städte erleben.

Wenn du etwas deklarierst, was Gott schenkt, kommen Ereignisse, Abläufe und Situationen in Bewegung und die Deklaration erfüllt sich. Das passiert alles nach Gottes Vorstellung und in seinem Zeitplan. Sobald das Wort hinausgeht, setzt das alle Dinge in Bewegung, die für die Erfüllung des Wortes notwendig sind.

Ich habe ein großartiges Zeugnis davon, dass man Dinge ins Dasein ruft. Ich erwähnte bereits, dass ich mich in die Stadt Redding verliebt habe, als wir hier hergezogen sind. Als ich die Stadt im Geist einnahm, war ich von einer Leidenschaft überwältigt, hinauszugehen und betend durch die Straßen meiner Stadt zu gehen. Als ich die Geschichte meiner Stadt recherchierte, erfuhr ich, dass die Stadt Redding jahrelang „Armutstal“ genannt wurde. Ich wusste, diese Identität war nicht Gottes Absicht für meine Stadt. Ich wollte, dass sich das ändert.

Mächtige Dinge passieren im Reich Gottes wenn eine Deklaration gemacht wird.

Als wir nach Redding zogen, war die Wirtschaft schwach und die Arbeitslosigkeit hoch. Ich wollte, dass sich das ändert. Ich fing also an, für neue Unternehmen und Beschäftigungsmöglichkeiten zu beten. Wenn ich im Auto in Gewerbegebieten unterwegs war, betete ich und deklarierte sie zu „Bergen des Wohlstands“. Ich deklarierte genau das Gegenteil von „Armutstal“ und rief das, was nicht war, ins Dasein. Eine Stadt verändert sich, wenn sich ihre Identität verändert.

Ungefähr ein Jahr, nachdem ich damit begann, Reddings Identität als „Berge des Wohlstands" zu deklarieren, bat mich ein Fürbitter-Freund, für ein neues Unternehmen in der Stadt zu beten. Es hatte fünf Angestellte und befand sich in einem kleinen Bürogebäude. Ich war hocherfreut, Teil des Gebetsteams für ein neues Unternehmen zu sein, denn ich hatte schon die ganze Zeit dafür gebetet, dass neue Unternehmen gegründet werden, um die Wirtschaftslage der Stadt zu verbessern.

Man lud uns immer wieder mal ein, für dieses Gewerbe zu beten, und Gott erhörte unsere Gebete. Jedes Mal, wenn wir es besuchten, gab es mehr Angestellte, und die Inhaber erzählten, wie Gott ihre Gebetsanliegen erhört hat. Nachdem wir zwei Jahre lang gebetet hatten, war das Unternehmen so stark gewachsen, dass es in ein größeres Gebäude umziehen musste. Der Herr beschenkte sie mit dem ganzen Erdgeschoss eines wunderschönen, riesigen Bürogebäudes, das sich auf einem Hügel befand und eine Aussicht über den Fluss und die komplette Stadt bot. Inzwischen haben sie mehr als dreißig Angestellte, und sie wachsen weiter. Außerdem ist Redding insgesamt eine florierende Stadt geworden, und ich glaube, unsere Deklarationen haben zu ihrem Wohlstand beigetragen.

Wir dienen einem wunderbaren Gott, der unsere Städte liebt und sich freut, wenn sie transformiert werden.

PROPHETISCHE HANDLUNGEN

Gott weist uns oftmals an, bei unseren Gebetsspaziergängen prophetische Handlungen durchzuführen. Eine prophetische Handlung ist eine physische, natürliche Handlung, die übernatürliche Ergebnisse hervorbringt. Prophetische Handlungen bereiten Gott den Weg vor, damit er in der geistlichen Welt etwas bewegen kann, was wiederum Veränderung in der natürlichen Welt bewirkt. Prophetische Handlungen setzen etwas im himmlischen Reich frei. Die Bibel ist voller Beispiele von prophetischen Handlungen, zu denen Gott Menschen aufgefordert hat. Wenn die Anweisungen Gottes genau befolgt wurden, brachten diese Handlungen große Veränderung hervor. Manchmal sehen wir Ergebnisse sofort. Manchmal dauert es einen Tag, einen Monat oder vielleicht sogar Jahre. Ein anderes Mal sehen wir im Natürlichen keine Veränderung, doch wir wissen, es hat sich etwas verändert, weil wir Gottes Anweisungen befolgt haben.

Ein gutes Beispiel einer prophetischen Handlung finden wir in 2. Mose 14,13-22. Nachdem der Pharao die Kinder Israels aus Ägypten ziehen ließ, änderte er seine Meinung und schickte ihnen die ägyptische Armee auf die Fersen. Gott wies Mose an, eine prophetische Handlung durchzuführen. Er sollte seinen Stab aufheben und seine Hand über das Meer strecken.

Mose gehorchte und das Meer teilte sich. Der Herr schickte einen starken Ostwind, der das Meer zu trockenem Land machte, und die Kinder Israels gingen mitten hindurch. Als sie alle auf der anderen Seite des Meeres angekommen waren, kam es wieder in seine Strömung.

Als Mose seine Hand ausstreckte, war das eine physische Handlung, die ein übernatürliches Phänomen verursachte.

Auch Jesus handelte oft prophetisch während seiner Zeit auf Erden. Ein Beispiel finden wir in Johannes 9,1-7. Es ist die Geschichte eines Mannes, der seit seiner Geburt blind war.

> *Als er dies gesagt hatte, spie er auf die Erde und machte einen Brei mit dem Speichel und strich den Brei auf die Augen des Blinden und sprach zu ihm: Geh hin, wasche dich im Teich Siloah (das heißt übersetzt: „Der Gesandte“)! Da ging er hin und wusch sich und kam sehend wieder.* (Joh 9,6-7)

Das war ebenfalls eine natürliche, physische Handlung, die ein übernatürliches Ergebnis herbeiführte, nämlich die vollständige Heilung der Augen des Blinden. Jesu Gehorsam den Anweisungen seines Vaters gegenüber veränderte das Leben eines Mannes.

Sei bereit, jede prophetische Handlung oder Deklaration auszuführen, die der Herr dir aufgibt. Manche könnten unpraktisch oder sogar sinnlos erscheinen, aber wenn er dir eine Anweisung gibt, führe sie aus. Der Schlüssel ist, gehorsam zu sein, wenn Gott etwas spricht. Gott kann dich und mich genauso gebrauchen, wie er Mose und Jesus gebraucht hat. Jesus sagt:

> *Wahrlich, wahrlich, ich sage euch: Wer an mich glaubt, der wird die Werke auch tun, die ich tue, und wird größere als diese tun, weil ich zu meinem Vater gehe.*
> (Joh 14,12)

Wenn wir dazu berufen sind, noch größere Werke zu tun als Jesus, dann ist anzunehmen, dass diese Werke nicht unbedingt in unsere Komfortzone fallen werden. Wenn Gott dich bittet, als Teil der Transformation deiner Stadt eine prophetische Handlung auszuführen, dann mache dich auf, sei gehorsam, und schaue zu, wie Gott etwas bewegt. Du wirst über die großartigen Ergebnisse vermutlich erstaunt sein.

SEGNUNGEN

Einen Segen zu geben, ist fast ein Schlüssel für sich. Nur Gutes kommt davon, wenn man jemanden oder etwas segnet. Segen zu erteilen, ist unser geheimes, prophetisches Hilfsmittel. Ein Segen ist unsichtbar aber äußerst mächtig.

Wir wollen die Wichtigkeit von Segnungen ansehen und lernen, wie wir dieses mächtige Hilfsmittel anwenden können, um die Atmosphäre um uns herum zu verändern.

Hier einige Definitionen von Noah Webster:

Segnen: eine Gabe, eine Gunst, einen Segen schenken

1. Glückwünsche über jemanden aussprechen; jemandem Freude gönnen oder wünschen

2. Glücklich machen, erfolgreich machen, in Situationen florieren, z.B. mit Frieden und Fülle gesegnet sein

3. Etwas im Gebet weihen; über etwas einen Segen ausrufen

4. Preisen und ehren für erhaltene Hilfeleistungen

5. Preisen, loben, rühmen von Exzellenzen

6. Einen feierlichen Segen aussprechen

Segen:

1. Ein ausgesprochener Glückwunsch; ein Gebet für das Glück eines anderen

2. Ein feierlicher, prophetischer Segen

3. Jedes Mittel zum Glück; geschenkter Vorteil oder Nutzen; etwas, was Wohlstand oder Wohlergehen vorübergehend fördert.[2]

Die Worte „segnen", „Segen" und „gesegnet" findet man wiederholt in der Bibel. Mir sind vier verschiedene Arten von Segen aufgefallen. 1. Der Segen, den Gott gibt. 2. Der Segen, den Menschen sich gegenseitig geben. 3. Der Segen, mit dem Menschen Gott segnen. 4. Der Segen über Völker oder Nationen.

Der allererste Segen, den wir in der Bibel finden, passierte am fünften Tag der Schöpfung. Gott hat alle Fische des Meeres und Vögel in der Luft gesegnet, die er erschaffen hat.

> *Und Gott sprach: Das Wasser soll wimmeln von einer Fülle lebender Wesen, und es sollen Vögel dahinfliegen über die Erde an der Himmelsausdehnung! Und Gott segnete sie und sprach: Seid fruchtbar und mehrt euch und füllt das Wasser in den Meeren, und die Vögel sollen sich mehren auf der Erde!* (1 Mo 1,20.22)

Ein Segen von überragender Bedeutung ist der Segen Gottes über die Menschen:

Und Gott segnete sie; und Gott sprach zu ihnen: Seid fruchtbar und mehrt euch und füllt die Erde und macht sie euch untertan; und herrscht über die Fische im Meer und über die Vögel des Himmels und über alles Lebendige, das sich regt auf der Erde! (1 Mo 1,28)

Durch Gottes Segen über Abraham sollten alle Nationen der Welt Gottes Segen erhalten:

Ich will dich zu einem großen Volk machen und dich segnen und deinen Namen groß machen, und du sollst ein Segen sein. Ich will segnen, die dich segnen, und verfluchen, die dich verfluchen; und in dir sollen gesegnet werden alle Geschlechter auf der Erde! (1 Mo 12,2-3)

Es gibt viele Stellen in der Bibel, die davon berichten, dass Menschen andere Menschen segnen. Zu biblischen Zeiten war es üblich, dass ein alternder Vater, bevor er stirbt, seinen erstgeborenen Sohn segnet. Der Sohn sollte mit dem Segen des Vaters die Familientraditionen weiterführen. Er sollte das herrschende Haupt, der geistliche Leiter und der Priester des Stammes werden. Das waren das Geburtsrecht und das Erbe eines erstgeborenen Sohnes.

Ich bin zuversichtlich, dass wir in einer Epoche leben, die maßgeblich die Welt verändern wird, und diese Veränderung beginnt bei dir.

Folgende Stelle erzählt von Isaaks Wunsch, noch vor seinem Tod Esau, seinen erstgeborenen Sohn, zu segnen:

Bring mir ein Wildbret und bereite mir ein schmackhaftes Gericht, dass ich esse und dich segne vor dem Angesicht des Herrn, ehe ich sterbe! (1 Mo 27,7)

Es gibt sehr viele Bibelstellen, in denen der Herr gepriesen, angebetet und gesegnet wird. Hier sind ein paar meiner Lieblingsverse:

Lobe den Herrn, meine Seele, und alles, was in mir ist, seinen heiligen Namen! Lobe den Herrn, meine Seele, und vergiss nicht, was er dir Gutes getan hat! (Ps 103,1-2)

Erhebt eure Hände in Heiligkeit und lobt den Herrn! (Ps 134,2)

Folgende Bibelstellen sind Beispiele dafür, dass Menschen und Nationen gesegnet werden:

Schmeckt und seht, wie freundlich der Herr ist; wohl dem, der auf ihn traut! (Ps 34,9)

Wohl dem Volk, dessen Gott der Herr ist, dem Volk, das er sich zum Erbe erwählt hat! (Ps 33,12)

(„Wohl dem" in der hebräischen Ursprache bedeutet u. a.: „gesegnet ist" – Anm. d. Übersetzers.)

Da mein Gebetsteam bei den Gebetsspaziergängen Segen über die ganze Stadt ausspricht, dachte ich, es wäre sinnvoll, etwas über Segen zu recherchieren. Allein aus den obengenannten Bibelstellen erkannte ich, wie wichtig für Gott der Segen ist. Er ist der Vater aller Segnungen und öffnet die Fenster des Himmels gerne, um Segen auf seine Kinder herabfließen zu lassen. Das hat er seit der Zeit der Schöpfung gemacht und macht es heute immer noch. Die englische King James Version der Bibel verwendet die Worte „segnen", „gesegnet" und „Segen" insgesamt über 500 Mal.

Vor kurzem predigte mein Pastor, Bill Johnson, über „Die Macht des Segnens". Er wies auf etwas Interessantes in 4. Mose 6,22-27 hin:

> *Und der Herr redete zu Mose und sprach: Rede zu Aaron und seinen Söhnen und sprich: So sollt ihr die Kinder Israels segnen; sprecht zu ihnen: Der Herr segne dich und behüte dich! Der Herr lasse sein Angesicht leuchten über dir und sei dir gnädig! Der Herr erhebe sein Angesicht auf dich und gebe dir Frieden! Und so sollen sie meinen Namen auf die Kinder Israels legen, und ich will sie segnen.* (4 Mo 6,22-27)

Hier sehen wir, dass alle Verse, die das Wort „segnen" beinhalten, auch den Herrn erwähnen. Das bedeutet, alle Segnungen stammen von ihm. In Vers 27 weist er uns sogar an, seinen Namen auf die Menschen zu legen, um sie zu segnen. Vermutlich lautet daher unsere bekannte Redensart, „Gott segne dich" und nicht nur „Sei gesegnet". Wenn jemand „Gott segne dich" sagt, ist der Segen von ihm. Darum sollen wir ab jetzt darauf antworten: „Danke sehr. Ich nehme seinen Segen an."

Pastor Bill Johnson fuhr fort: „Betet und setzt einen Segen frei, der mit dem Namen des Gebers belegt ist. Der Geber ist der Vater, und somit legt ihr den Namen des Vaters auf die Menschen. Wenn ihr einen Segen über sie proklamiert, wird etwas in ihr Leben hinterlegt. Worte verwirklichen sich. Könnt ihr euch etwas Großartigeres vorstellen, als dass sich ein gesprochener Segen in eurem Leben verwirklicht? Unsere Worte verwirklichen sich."[3]

Wenn wir betend spazieren gehen und Segen deklarieren und freisetzen, achten wir darauf, den Namen Gottes auf den Segen zu legen. Pastor Bill Johnson schreibt: „Nur wenn wir seinen Namen einsetzen, haben wir die Macht, Segen zu deklarieren und freizusetzen. In seinem Namen ist die Macht, die Veränderungen bewirkt und Segen hervorbringt."[4]

Vielleicht kennt ihr exzentrische Menschen, die zu ihren Pflanzen sprechen, singen und ihnen Musik vorspielen. Nun, ich gebe zu, ich mache das auch.

Ich erwähnte bereits, dass ich gerne im Garten arbeite. Einige Jahre lang wurden mein Mann und ich mit einem wunderschönen, ertragreichen Gemüsegarten gesegnet. Mein Mann machte die Schwerarbeit und bereitete den Boden vor. Er baute sogar einen Zaun um den Garten auf, damit keine Kleintiere bei uns kostenlos zu Abend essen. Mir fiel der vergnügliche Teil zu. Ich durfte die Saat aussäen und die Setzlinge einpflanzen. Als ich sie in den Boden setzte, segnete ich sie, betete für sie und sagte ihnen, wie wunderschön und fruchtbar sie waren. Ich begoss sie, jätete das Unkraut und erntete das Gemüse. Dabei betete, segnete und besang ich unseren Garten weiter. Jahr für Jahr hatten wir einen großen Ertrag.

Heute verstehe ich besser, was ich damals gemacht habe, als ich meinen Garten segnete und Deklarationen über ihn aussprach. Der Segen, die Gebete und meine Liebe für den Garten haben Fülle und Leben hervorgebracht.

Wir Fürbitter sind berufen, Gottes Segen über unsere Stadt – die wir unseren „Garten“ nennen – auszurufen. Du erinnerst dich: Als wir über den zweiten Schlüssel sprachen, stellten wir uns unsere Stadt als wunderschönen Garten vor. Wir haben das Land im Geist eingenommen. Wir räumten den Boden auf, entfernten alle Stöcke, Steine und Wurzeln und bereiteten ihn für die Saat vor.

Jetzt ist die Zeit gekommen, die Saat, die wir durch Deklarationen gesät haben, im Namen des Herrn zu segnen. Wir achten dabei darauf, den Segen im Namen des Herrn auszusprechen. Wenn wir das tun, wird unsere Stadt zu einem wohlbewässerten Garten.

> *Der Herr wird dich ohne Unterlass leiten und deine Seele in der Dürre sättigen und deine Gebeine stärken; du wirst sein wie ein wohlbewässerter Garten und wie eine Wasserquelle, deren Wasser niemals versiegen.* (Jes 58,11)

> *Und sie werden kommen und auf der Höhe Zions jubeln und herbeiströmen zu der Güte des Herrn, zum Korn, zum Most und zum Öl und zu den jungen Schafen und Rindern; und ihre Seele wird sein wie ein bewässerter Garten, und sie werden nicht länger verschmachten.* (Jer 31,12)

Ich möchte dich ermutigen, diese Bibelstellen über dich selbst, deine Familie und deine Stadt zu deklarieren. Denke stets daran, dem Herrn für all seine Segnungen in deinem Leben zu danken. Er ist ein guter Gott und möchte Segen auf uns ausgießen. Fange gleich an, deinen Garten mit Segen im Namen Jesu zu bewässern.

FREISETZEN, FREISETZEN, FREISETZEN

Eine weitere prophetische Handlung, die wir Fürbitter oft tun, ist „Freisetzung“ auszurufen.

Freisetzen: etwas herauslassen, das irgendwo eingesperrt, eingeschränkt oder verborgen in einem Menschen liegt.[5]

Diese Definition lässt uns ahnen, wie mächtig es ist, wenn wir Hoffnung und prophetische Worte über unsere Umgebung freisetzen. Einige Synonyme für „freisetzen“ sind: befreien, freilassen, herauslösen und loslassen. Erkennst du den Einfluss, den du hast, wenn du Gottes Worte über deine Stadt und deine Umgebung freisetzt?

Wenn du immer wieder Hoffnung freisetzt, setzt du die Macht und die Energie des Wortes Gottes frei, damit Hoffnung in deiner Umgebung eingeleitet und eingeführt wird. Denke daran, dass wir laut Römer 4,17 die Dinge, die nicht sind, ausrufen, als wären sie da. Du setzt Hoffnung in deiner Stadt frei.

Pastor Bill Johnson sagt: „Unsere Worte verwirklichen sich.“ Jede prophetische Deklaration, die du über deine Stadt aussprichst und im Namen Jesu freisetzt, hat die Kraft und Vollmacht, Transformation zu bewirken. Du deklarierst, wie Gott deine Stadt sieht, und du rufst seinen Plan ins Dasein.

Genieße es, Partner Gottes zu sein, und er wird dich auf einen spannenden Ausflug mitnehmen, bei dem deine Stadt transformiert wird.

NEUE EBENEN DER FÜRBITTE

Wenn ich über die Definitionen von „deklarieren" und „proklamieren" nachdenke, erkenne ich die Kraft, die Vollmacht und die Einflussmöglichkeiten, die der Herr uns als Fürbitter gegeben hat. Wir kommen in eine neue Saison der Fürbitte, die unseren Verstand übersteigt. Werden wir die neuen Möglichkeiten und Gelegenheiten annehmen, die Gott uns offenbart? Manchmal zeigt er uns nur ein paar Teile der Blaupause, manchmal schenkt er uns das gesamte Bild, ohne dass wir es als solches erkennen! Wir sind Gottes Worten gegenüber einfach gehorsam und führen seine Anweisungen aus.

Alles fließt aus der Freude heraus, die wir in der Gegenwart Gottes erleben. Wir sehen alles aus einer himmlischen Perspektive. Gott *„hat uns mitauferweckt und mitversetzt in die himmlischen Regionen in Christus Jesus"* (Eph 2,6).

Gebet und Fürbitte fließen von den himmlischen Regionen herab, wie wir eben gelesen haben. Unsere Gebete stammen von dem Ort, wo wir mit Jesus sitzen, vom dritten Himmel. Paulus nennt diesen dritten Himmel das Paradies.

> *Ich weiß von einem Menschen in Christus, der vor 14 Jahren (ob im Leib oder ob außerhalb des Leibes, ich weiß es nicht; Gott weiß es) bis in den dritten Himmel entrückt wurde… dass er in das Paradies entrückt wurde und unaussprechliche Worte hörte, die ein Mensch nicht sagen darf.* (2 Kor 12,2.4)

Unsere Gebete stammen also vom dritten Himmel, durchwandern den zweiten Himmel und kommen direkt zur Erde. Die Bibel spricht von drei Himmelsreichen. Der erste Himmel ist das natürliche Reich unmittelbar über der Erde. Dort leben wir. Der zweite Himmel liegt über uns und ist das Reich, indem sich Dämonen und Engel bewegen. Dort befindet sich das Reich Satans. Dort findet die geistliche Kriegsführung statt (siehe Daniel 10,12-14). Der dritte Himmel ist das Reich der Gegenwart Gottes. Dort ist es – im Reich des Geistes –, wo wir unsere Gebete und Deklarationen empfangen. Wir beten nicht aus dem ersten Himmel (der Erde) und kämpfen nicht im zweiten Himmel. Wir sitzen mit Christus im dritten Himmel. Wir beten von dort aus. Unsere Gebete durchwandern den zweiten Himmel und erreichen anschließend den ersten Himmel, die Erde. Dort auf der Erde werden unsere Gebete von Gott erhört und erfüllt.

> *...und er hat uns mit auferweckt und mit eingesetzt im Himmel in Christus Jesus* (Eph. 2,6)

Denke bei deinen Gebetsspaziergängen daran, dass du im Geist mit Christus im Himmel sitzt, obwohl deine Füße auf der Erde bleiben. Bete in diesem Bewusstsein, und vergiss nicht, im Namen Jesu zu beten.

GEBETSSPAZIERGÄNGE GANZ PRAKTISCH

Vielleicht fragst du dich, wie so ein Gebetsspaziergang aussieht. Wandern wir einfach auf den Gehwegen auf und ab und beten dabei? Manchmal schon, aber das ist eigentlich nur ein Teil des Vorgangs.

Unser Team ist am Anfang eines solchen Spaziergangs stets voller Erwartung der großen Dinge, die der Herr für den bestimmten Tag vorbereitet hat. Jetzt ist es dran, prophetisch zu handeln, auf das Herz Gottes zu hören und die Blaupause zu befolgen, die er uns gegeben hat. Gebetsspaziergänge sind immer ein großes Abenteuer, denn wir gehen mit dem Schöpfer des Universums spazieren. Er zeigt uns seine Schöpfung wie wir sie noch nie vorher wahrgenommen haben.

Gott hat in der Bibel oft mit Symbolen gesprochen, und er tut es heute noch. Alle Dinge, die er erschaffen hat, sind wichtig und haben besondere Bedeutungen. Farben, Zahlen, Bäume, Tiere, der Himmel und das Wasser haben alle symbolische, prophetische Bedeutungen. Er zeigt uns wunderbare Wege auf, wie wir anhand seiner Schöpfung und der verschiedenen Symbole beten können. (In dem Abschnitt über Ressourcen in Teil III des Buches erfährst du die Bedeutung vieler dieser Symbole der Schöpfung.)

So bereiten wir einen Gebetsspaziergang vor: Wir als Team treffen uns im Gebetshaus der Gemeinde und „verweilen in seiner Gegenwart“ ungefähr eine halbe Stunde lang. Dann teilen wir uns gegenseitig mit, welche prophetischen Worte der Herr zu uns gesprochen hat. Wir fügen die Teile zusammen und erhalten seine Blaupause. Wir schreiben alles auf, auch wenn manche Sachen scheinbar nicht passen. Manchmal lassen sich nicht alle Teile in die Blaupause einbinden. Dann passiert es aber ab und zu, dass der Herr uns während des Spaziergangs überrascht, und sich doch alle Teile einfügen lassen. Aber manchmal sind einige Eindrücke für einen anderen Tag oder eine andere Aufgabe bestimmt. Wenn ein Fürbitter etwas von Gott erhält, was nicht in die aktuelle Blaupause passt, zeigt Gott diesem Menschen etwas später, was der Eindruck bedeutet, und er führt die Anweisung dann aus. Alles, was wir von Gott empfangen, ist wichtig, denn es stammt aus dem Thronsaal Gottes. Dennoch ist es nie verkehrt, beim Herrn nachzufragen: „Ist das wirklich von dir, Herr?“ oder „Willst du mir noch etwas sagen?“

VON DER BLAUPAUSE ZUM GEBETSSPAZIERGANG

Wir haben für einen Gebetsspaziergang einmal folgende Aufgabe erhalten. Wir erstellten die Blaupause aus den unterschiedlichen Dingen, die der Herr uns gezeigt hat. Das können Offenbarungen, Worte, Bibelstellen, Gedanken oder Ideen sein, die er uns schenkt, nachdem wir im Gebetsraum Zeit mit ihm verbracht haben.

Diese bestimmte Aufgabe erzähle ich dir in drei Abschnitten. Im ersten Abschnitt – die Blaupause – gebe ich dir eine Liste der prophetischen Worte, die der Herr uns geschenkt hat, zusammen mit ihren Erklärungen.

Im zweiten Abschnitt zeige ich dir, wie wir diese verschiedenen Worte zusammengetragen haben, und im dritten Abschnitt, wie wir die Aufgabe ausgeführt haben, indem wir Deklarationen aussprachen.

Nach unserer Zeit mit dem Herrn im Gebetsraum, haben wir alle unterschiedliche Anweisungen erhalten: Worte, Farben, Beschreibungen, Bibelstellen, Orte, Zahlen und noch anderes, was der Herr uns schenken wollte.

Diese Dinge waren alle Bestandteile der Blaupause, die wir zusammenfügten. Weiter unten findest du die Liste für diesen bestimmten Tag. Die Erklärungen findest du gleich dahinter. (Dem Herrn sei Dank, dass wir heutzutage Smartphones mit Internetzugang haben, mit denen wir eine Sache sofort recherchieren können!)

DIE BLAUPAUSE EMPFANGEN

Hier sind die prophetischen Worte, die empfangen wurden:

- Anordnung: Beziehungen, politische Bündnisse
- 2. Samuel 4,8-10: David freute sich nicht über den Tod seiner Feinde
- voller Zugang
- drei Fahnen
- 1. Petrus 3,9: Segen
- Nie wieder dasselbe sein
- (Worte aus) Jesaja 61: Befreiung, frohe Botschaft, Freiheit, Feierkleider, Kopfschmuck statt Asche, Bäume der Gerechtigkeit, Erneuerer der Verwüstung, in die Herrlichkeit eintreten, das doppelte Erbteil, ewige Freude, ihr Samen wird unter den Heiden bekannt sein, der Mantel der Gerechtigkeit, Ruhm vor allen Heidenvölkern.
- Hoffnung: Das Gefühl, das etwas Wünschenswertes voraussichtlich passieren wird.
- Wachablösung

- Epizentrum: direkt über dem Erdbebenherd liegendes Gebiet der Erdoberfläche; die Mitte oder der Brennpunkt
- Offenbarung 8,3-4: Gebete der Heiligen auf dem goldenen Altar, der vor dem Thron Gottes steht
- Epos: Gedicht oder Bericht über Heldentaten
- Mitte: Mittelpunkt, wichtigster Ort, wichtigste Person; sich in der Mitte versammeln, sich konzentrieren

Es ist interessant, wie der Herr unsere Gebetsspaziergänge orchestriert. Sie sind alle völlig unterschiedlich.

Bei diesem Gebetsspaziergang bekam eine Fürbitterin das Wort „Hoffnung". Sie meinte, „Tja, heute bin ich wohl daneben. ‚Hoffnung' scheint nicht gerade in diese Blaupause zu passen. Wir proklamieren Hoffnung doch jedes Mal." Wir versicherten ihr, dass Hoffnung immer passt. Hoffnung deklarieren wir immer über unsere Stadt. Wenn du weiter liest, wirst du sehen, dass der Herr eine Überraschung für uns bereithielt.

DIE AUFGABE BESTIMMEN

Nachdem wir uns gegenseitig die prophetischen Eindrücke mitteilten, hatten wir unsere Blaupause. Aber was war die Aufgabe? Wir sahen uns die Liste an. Das einzige auf der Liste, was uns den Ort bestimmen konnte, waren die drei Fahnen. Man hatte im Geist drei Fahnen auf drei hohen Fahnenmasten gesehen. Wir sprachen darüber, und jemand erinnerte sich, drei hohe Fahnenmasten am

Rathaus in der Stadtmitte gesehen zu haben. Die Aufgabe sollte also heute am Rathaus ausgeführt werden.

DER SPAZIERGANG: DEKLARATIONEN

Nachdem wir am Rathaus ankamen, fingen wir an, folgende Deklarationen und Proklamationen zu machen. Versuche eine Verbindung zwischen der Blaupause und den Deklarationen und Proklamationen des Teams zu erkennen.

- *Wir deklarieren, dass unsere Stadt auf einem Hügel steht und in Gerechtigkeit glänzt.*
- *Wir deklarieren, dass eine Wachablösung in einer neuen epischen Zeit vollzogen wird.*
- *Wir rufen Christen auf, vorzutreten und sich an der Regierung zu beteiligen.*
- *Wir deklarieren ein doppeltes Erbteil des Guten, das Gott in unserer Stadt tut.*
- *Wir proklamieren Gerechtigkeit über Ersthelfer, Richter, Regierungsvertreter, Anwälte und Polizeibeamte, wenn sie Entscheidungen treffen.*
- *Wir deklarieren eine Verordnung der Hoffnung über jeden Einwohner unserer Stadt.*
- Dann verlagerten sich unsere Proklamationen in Richtung der Stadtverwaltung:
- *Wir segnen die Väter und Mütter der Stadt und deklarieren, dass sie in ihren Herzen das Beste für die Stadt wollen.*

- *Wir deklarieren Einheit über die Mitglieder der Stadtverwaltung und segnen sie und ihre Familien.*
- *Wir proklamieren Klarheit des Geistes über unsere Leiter. Sie sollen vom Geist Gottes geleitet werden.*
- *Wir deklarieren, dass sie in unserer Stadt Gerechtigkeit aufrechterhalten.*
- *Wir deklarieren Freiheit und Freude über die Mitglieder der Stadtverwaltung.*
- *Wir deklarieren, dass die Mitglieder der Stadtverwaltung zu Erneuerern der Verwüstung werden durch die Einheit in der Regierung.*

Nachdem wir diese Deklarationen ausgesprochen hatten, dankten wir Gott dafür, dass er unsere Stadt liebt und für alles, was er für sie tat. Wir wussten, dass wir den Thronsaal des Himmels betreten und unsere Aufgabe direkt aus dem Herzen Gottes empfangen hatten. Das machen wir immer am Ende unserer Gebetsspaziergänge: Wir danken Gott, aber nicht in erster Linie für das, was er tut, sondern weil er unser guter Gott ist.

GOTT FÜGT DER BLAUPAUSE ETWAS HINZU

An jenem Tag gab uns Gott außerdem zwei unerwartete, zusätzliche Aufgaben. Eine davon war etwas, was ich eine „Miniaufgabe“ nenne. Das ist eine Aufgabe, die mit unserer ursprünglichen Aufgabe nichts zu tun hat. Bei der anderen Aufgabe haben wir neu erlebt, wie erstaunlich unser Gott ist. Er bleibt weiterhin ein Gott der Überraschungen. Er übertreibt es manchmal, wenn er uns zeigen will, wie sehr er unsere Städte liebt.

Dort, wo wir gebetet hatten, gab es riesige Betonpfeiler, die einen Teil des Rathauses stützen. Diese Pfeiler waren uns allen besonders aufgefallen, und so fragten wir den Herrn, ob er uns etwas damit zeigen wollte. Er zeigte uns, was wir tun sollten. Wir deklarierten, dass die Männer und Frauen der Stadtverwaltung wie diese starken Pfeiler waren, massiv und unbeweglich bezüglich ihrer gerechten Entscheidungen für die Stadt. Sie waren eine starke Stütze für die Stadt.

EINE MINIAUFGABE

Es war ein schöner Tag, als wir die Aufgabe am Rathaus bekamen. Der blaue Himmel war mit weißen Wattewolken bespickt. Einer der Fürbitter bemerkte eine Wolke, die wie der Kontinent Afrika aussah. Da erinnerten wir uns an ein Zeugnis, das wir am Sonntagabend zuvor gehört hatten. Mario Murillo war Gastredner und erzählte uns, dass er in einer Hochschule in Südafrika „uneingeschränkten Zugang" bekommen hatte, das volle Evangelium zu predigen und über den Heiligen Geist und Heilung zu reden. Die gesamte Studentenschaft reagierte enthusiastisch und war danach nie wieder dieselbe.

Wir deklarierten also über die Hochschulen unserer Stadt den gleichen „uneingeschränkten Zugang", und dass sie nie wieder dieselbe sein sollten. Wir deklarierten außerdem, dass sich die Hochschulen dafür öffnen würden, Predigern zu erlauben, das volle Evangelium zu predigen und über den Heiligen Geist und Heilung zu reden.

GOTT ZEIGT SICH DURCH HOFFNUNG

Nun kommen wir zum spannenden Teil der Blaupause – eine besondere, unerwartete Überraschung vom Herrn. Wir erinnern uns, dass eine Fürbitterin meinte, sie hätte daneben gelegen, weil sie für die Blaupause nur das Wort „Hoffnung" gehört hatte. Sie meinte, da wir immer Hoffnung über die Stadt deklarieren, passte ihr Eindruck nicht in die Blaupause. Wollte der Herr ihr aber vielleicht etwas anderes zeigen?

Nachdem wir die Proklamationen und Deklarationen am Eingang des Rathauses machten, trennten wir uns und gingen einzeln auf dem Gelände spazieren. Als wir uns wieder trafen, sagte diese Fürbitterin voller Begeisterung, sie möchte uns etwas zeigen. Sie führte uns zu einem versteckten Bereich am äußersten Rand des Parkplatzes. Dort, in einer Ecke versteckt, wuchs ein kleiner Garten. Darin befand sich ein großer Stein, auf dem „Garten der Hoffnung" eingraviert war. Darunter stand: „Dieser Garten ist allen Verbrechensopfern gewidmet, die – im Angesicht ihrer Not – Stärke, Durchhaltevermögen und Hoffnung demonstriert haben." Neben dem Stein wuchs ein wunderbarer Busch voll rosafarbener Blumen (die Farbe rosa ist symbolisch für Heilung). Die zierlichen Blumen hingen herunter und erinnerten an kleine Glocken.

Das war eine Mini-Blaupause vom Herrn, und so führten wir eine Miniaufgabe aus. Wir stellten uns Glocken vor, die wir dann prophetisch läuten ließen. Dabei setzten wir Hoffnung, Heilung und Gesundheit über unsere Umgebung und unseren Bundesstaat frei.

Gesprochene Gebete und Deklarationen der Hoffnung bringen Veränderung. Das war eine außergewöhnliche Überraschung vom Herrn. So etwas gehört einfach zum beschwingten Alltag eines prophetischen Fürbitters.

Auf dem Nachhauseweg konnten wir nicht einmal reden, denn wir waren so eingenommen von dem, was Gott an jenem Tag gemacht hat. Wir wollten ihn nur anbeten und ihm für alles danken, was er getan hat.

Ich bin voller Ehrfurcht, wenn ich an diesen Tag zurückdenke und mich an seine Liebe für uns und unsere Stadt erinnere.

Nun wird es Zeit für dich, einen Gebetsspaziergang zu machen. Das kannst du ganz alleine oder mit anderen zusammen machen. Fang damit an, dass du an deinen geheimen Ort gehst, um zu hören, was Gottes Herz bewegt. Höre und empfange seine Blaupause, erstelle deine Aufgabe und gehe dann durch deine Stadt. Deklariere und proklamiere das, was er dir gesagt hat. Wenn du das tust, dann führst du etwas aus, was direkt aus dem Herzen Gottes kommt.

Es gibt keine vorgeschriebenen Methoden dafür, nur die Anweisungen Gottes. Wir leben in einer herausfordernden Zeit, und haben durch unsere Gebetsspaziergänge eine einzigartige Gelegenheit, Transformation in unseren Städten zu bewirken. Jetzt ist die Zeit. Setze einfach einen Fuß vor den anderen und GEH!

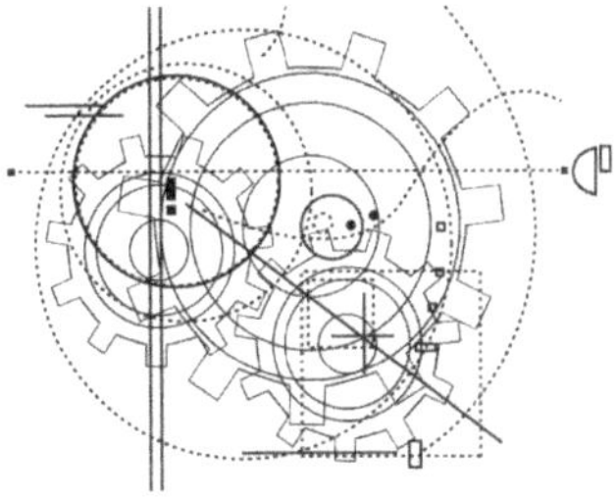

SCHLÜSSEL 7

DANKBARKEIT

Der siebente Schlüssel ist genauso wichtig wie der erste. Unsere Gebetsspaziergänge beenden wir immer damit, Gott dafür zu danken, was er an dem Tag getan hat. Wir danken ihm für seinen Segen über unsere Stadt und auch dafür, dass er ein guter Gott ist und gute Pläne für unsere Stadt hat. Wir verbringen Zeit damit, ihn anzubeten, denn wir lieben ihn so sehr. Wir danken ihm für seine Hilfe dabei, seine Anweisungen treu zu befolgen. Obwohl wir vielleicht keine Ergebnisse des Gebetsspazierganges sehen können, wissen wir, das natürliche sowie das geistliche Reich werden nie wieder dasselbe sein, weil wir uns mit Gottes Plan und seinem Entwurf eins gemacht haben. Wir haben den Glauben, dass wir Veränderung sehen werden. Nun ist er an der Reihe, alles zu erfüllen.

In unserer Gemeinde hört man oft die Aussage: „Nichts passiert im Reich Gottes bis etwas deklariert wird.“ Beim siebenten Schlüssel feiern wir den Sieg vom Tag und danken dem Herrn. Wir preisen ihn für die Herzen und Leben, die er verändert hat. Wir danken ihm, dass er uns mit einer großen Ehre gesegnet hat, nämlich, an der Transformation unserer Stadt Teil haben zu können:

> *Ich will den Herrn preisen allezeit, sein Lob soll immerzu in meinem Mund sein.* (Ps 34,2)

> *Von David. Lobe den Herrn, meine Seele, und alles, was in mir ist, seinen heiligen Namen!* (Ps 103,1)

> *Lobsingt dem Herrn, ihr seine Getreuen, und preist seinen heiligen Namen!* (Ps 30,5)

> *Hallelujah! Lobt den Namen des Herrn! Lobt ihn, ihr Knechte des Herrn.* (Ps 135,1)

> *Lobt den Herrn, denn gütig ist der Herr; lobsingt seinem Namen, denn er ist lieblich!* (Ps 135,3)

> *Wir aber, dein Volk und die Schafe deiner Weide, wir wollen dir ewiglich danken und deinen Ruhm erzählen von Geschlecht zu Geschlecht.* (Ps 79,13)

> *Hallelujah! Dankt dem Herrn, denn er ist gütig, denn seine Gnade währt ewiglich!* (Ps 106,1)

GROSSE DANKBARKEIT GEGENÜBER GOTT

Kommen wir noch einmal zur Geschichte Josaphats in 2. Chronik 20 zurück. Er führte die Aufgabe des Herrn aus und erlebte einen übernatürlichen Sieg für Juda. Weiter in der Geschichte erfahren wir, welche Kriegsbeute es gab und wie das Volk Juda Gott für den Sieg lobte:

Da kam Josaphat und sein Volk, um ihre Beute zu rauben; und sie fanden unter ihnen sowohl Habe als Leichname und kostbare Geräte in Menge, und sie plünderten für sich, bis es nicht mehr zu tragen war. Und drei Tage lang raubten sie die Beute, denn sie war groß. Und am vierten Tage versammelten sie sich im Tale Beraka, denn daselbst priesen sie Jahwe; daher gab man jenem Orte den Namen Tal Beraka, bis auf diesen Tag. (2 Chr 20,25-26 – Elberfelder-Übersetzung 1905)

Das Volk Juda versammelte sich im Tal Beraka, was „Segen“ bedeutet. Dort haben sie den Herrn gesegnet und gepriesen. Das hebräische Wort „Segen“ bedeutet an dieser Stelle „zu knien; Gott zu segnen als Zeichen der Verehrung; zu preisen, zu danken, gemeinsam und ausgiebig“.[1] Stell dir vor, wie ehrfürchtig das Volk Juda wegen der Größe Gottes und des übernatürlichen Sieges samt Kriegsbeute gewesen sein muss.

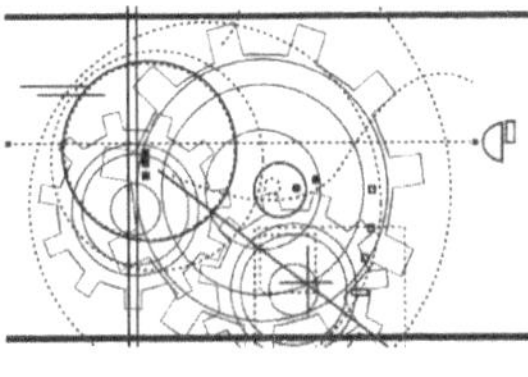

Obwohl wir die Ergebnisse vielleicht nie sehen, wird nichts wieder dasselbe sein,wenn wir uns mit Gott eins machen.

Kannst du dir überhaupt vorstellen, dass Gott auch in deiner Stadt einen großen Sieg erringen will? Er will deine Stadt transformieren und denjenigen einen Sieg schenken, die seiner Stimme gehorchen und seine Aufgaben ausführen. Könnte er dich damit meinen?

AM ENDE DES GEBETSSPAZIERGANGS

Am Ende unseres Gebetsspaziergangs nehmen wir uns Zeit, Gott zu danken und ihn anzubeten, dann tauschen wir uns darüber aus, was Gott während des Spaziergangs getan hat. Wir teilen uns mit, wie wir unsere Zeit zusammen empfunden haben. Jeder erzählt, was er persönlich erlebt hat. Wir denken auch über Dinge nach, die Gott in vorangehenden Gebetsspaziergängen getan hat. Wir staunen immer wieder über seine Wege, und wie er alles zusammenfügt. Wenn wir uns gegenseitig Zeugnisse erzählen, baut das unser Vertrauen auf. Wir wissen, wir können darauf zählen, dass er immer und immer wieder große Dinge tun wird. Diese Zeugnisse säen wir als Samen im Geist, denn wir wissen, wenn er einmal etwas gemacht hat, wird er es auch wieder tun. Wir müssen keine Ergebnisse sehen, um dankbar zu sein. Wir bleiben einfach voller Erwartung und wissen, wir haben die Anweisungen Gottes ausgeführt und ein Stück Himmel auf die Erde gebracht. Wir verabschieden uns voller Freude, Begeisterung und Erwartung darüber, was Gott bei unserem nächsten Gebetsspaziergang tun wird.

Dankbarkeit ist das A und O eines Gebetsspaziergangs. Danke Gott am Anfang deiner Gebetsspaziergänge für alle positiven Veränderungen, die du in deinem Leben, bei deinen Freunden und in deiner Stadt bisher erlebt hast. Betrete deinen geheimen Ort voller Dankbarkeit und mit einem Herzen voll des Lobs, und du wirst bald sehen können, wie deine Stadt transformiert wird.

Jetzt ist die richtige Zeit. Für so eine Zeit wurdest du geboren.

PERSÖNLICHE ANWENDUNG

Ich staune immer wieder, wie groß Gottes Liebe für uns ist. Es ist unbegreiflich, wie genial er unser Leben orchestriert. Das Wichtigste, was wir tun können, ist, uns zu demütigen und Gott zu danken. Tiefe, aus dem Herzen stammende Dankbarkeit schließt Gottes Herz auf. Es ist für unsere Beziehung zu ihm wichtig, dass wir uns Zeit nehmen, ihm für alles zu danken, was er für uns tut. Dankbarkeit ist etwas Persönliches und kann viele Ausdrucksformen haben. Wir wurden dafür geschaffen, Gott zu lieben, ihn anzubeten und zu preisen. Halte nun inne, wende dich in Liebe zu ihm, und verbringe gerade jetzt Zeit damit, ihm für alles zu danken, was er für dich getan hat.

TEIL III

HILFSMITTEL FÜR TRANSFORMATION

HILFSMITTEL FÜR TRANSFORMATION

Als ich mir über dieses Buch Gedanken machte, wurde mir sehr wichtig, dass es einen Abschnitt über „Hilfsmittel“ enthält. Viele Bücher geben Ideen weiter, bieten aber keine Hilfsmittel an, um diese Ideen umzusetzen. Oft denke ich: „Die Ideen in diesem Buch sind großartig. Ich würde sie gerne umsetzen, aber wie soll ich das machen? Wie sieht der Prozess aus?“ In diesem Abschnitt erläutere ich acht verschiedene Hilfsmittel zur Transformation. Für jedes gebe ich Beispiele, wie es in Bezug auf Transformation von Städten angewendet werden kann. Jedes Hilfsmittel kann aber auch auf persönlicher Ebene angesetzt werden.

Echte Transformation beginnt in deinem Herzen.

Wenn du diese Hilfsmittel liest, bitte Gott, dass er dir zeigt, wie du sie einzeln auf dein Leben anwenden kannst. Zum Beispiel: Hilfsmittel 2 „Recherche“ zeigt dir, wie du die Geschichte, den Charakter und die Persönlichkeit deiner Stadt recherchieren kannst. Dieses Hilfsmittel kannst du auf einer persönlichen Eben ansetzen, wenn du eine genealogische Untersuchung deiner Familie anstellst. Hilfsmittel 4 beschreibt Proklamationen, die du über deine Stadt, aber auch über dich selbst machen kannst. Füge der Liste noch persönliche Proklamationen hinzu. Was möchtest du, dass Gott in deinem Leben und im Leben deiner Lieben tun soll? Hilfsmittel 5 zeigt dir auf, wie du über deine Stadt biblische Proklamationen aussprechen kannst. Diese Idee kannst du leicht auf dich übertragen, indem du Bibelstellen über dich selbst proklamierst.

Was der Herr für meine Stadt getan hat, wird er auch für deine tun. Der Prozess und die Ergebnisse können aber unterschiedlich ausfallen, denn sein Plan für deine Stadt ist anders, als sein Plan für meine.

HILFSMITTEL 1

INSPIRATION

Egal, ob wir persönliche Veränderung oder Transformation unserer Stadt erreichen wollen, es ist gut, sich erstmal eine Zeit für Ermutigungen zu nehmen. Es ist wichtig, dass man die Dinge, die Gott tun will, mit Freude erwartet. Dein Glaube wird gestärkt, wenn du Zeugnisse der Güte Gottes in Erinnerung rufst und auf das zurückblickst, was er bereits getan hat.

Bevor wir unsere Spaziergänge angehen, erzählen wir uns im Team gegenseitig Zeugnisse von früheren Gebetsspaziergängen und erinnern uns an all das Gute, das Gott bereits getan hat. Manchmal lese ich folgenden, sehr bewegenden Abschnitt aus Kris Vallottons Buch, „Wie im Himmel also auch auf Erden: Verändere die Welt in der du lebst" vor. Er berührt uns zutiefst und erinnert uns an unsere Berufung, an der Transformation unserer Stadt mitzuwirken.

Ist es möglich, dass eine Stadt die Mauern der Spielverderber und Zweifler durchbrechen könnte. Werden die Geschichtsbücher von einer so ausge-

> dehnten globalen Erweckung erzählen? Wird darin von einer Kriminalitätsrate die Rede sein, die so gering ist, dass Kinder selbst im Dunkeln wieder auf der Straße spielen können? Werden sich im Zuge dieser Erweckung die Scheidungsraten verringern, Krebs der Vergangenheit angehören, so, wie es bei Pocken der Fall ist? Wird die Wirtschaft so sehr durch Großzügigkeit angekurbelt werden, dass es im wahrsten Sinne des Wortes keine Armen mehr unter uns gibt? Könnte die Transformation so tief und breit erfolgen, dass Freude jedes Haus erfüllt, Menschen aufhören ihre Kinder zu missbrauchen, unmoralische Geschäfte wie Drogenmissbrauch und Pornografie vergehen und Abtreibung als ein barbarischer unmenschlicher Akt des Kannibalismus angesehen wird? Was ist, wenn Zeichen und Wunder so häufig werden, dass Gottes Herrlichkeit wie Nebel über den Städten schwebt und „Sünder" zur ethnischen Minderheit gehören werden? Wir glauben, dass Redding dazu bestimmt ist, all diese Träume zu erfüllen, und wir beten, arbeiten und Leben für die Erfüllung dieses Traumes.[1]

Gott hat diesen Traum tief in unsere Herzen gelegt. Wir nennen unser Gebetsteam „Tipping Point" (= Kipppunkt, Wendepunkt). Wir glauben, dass unsere Gebete, zusammen mit den Gebeten vieler anderer, einen Wendepunkt schaffen, der eine solche Transformation in unsere Stadt herbeiführt, wie wir eben gelesen haben. Hast du für deine Stadt einen ähnlichen Traum? Bist du willig, ein Wendepunkt bei der Transformation deiner Stadt zu werden? Fange gleich an. Es wird ein spannendes Abenteuer werden!

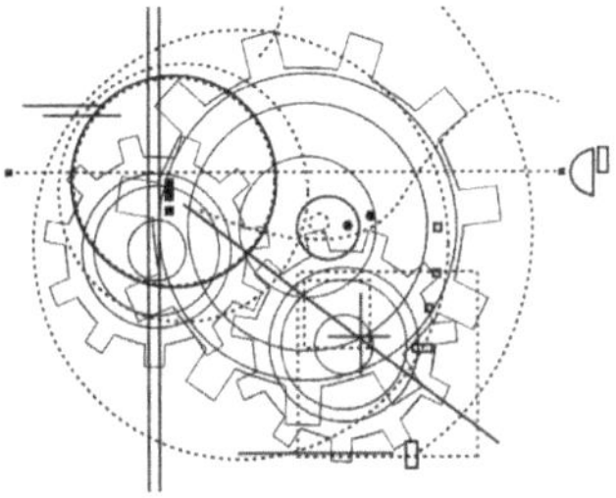

HILFSMITTEL 2

RECHERCHE

Hier sind einige Ideen, wie du die Geschichte deiner Stadt recherchieren kannst.

Suche deine Stadtbücherei auf und bitte dort jemanden, dir zu helfen, Information über die Geschichte deiner Stadt zu finden. Vielleicht weiß die Person selbst etwas zu erzählen. Historische Vereine und Museen etc. sind auch gute Quellen. Lies Bücher von einheimischen Autoren.

URSPRÜNGLICHE EINWOHNER

- Welche Gruppe von Menschen wohnten zuerst in deiner Stadt oder deinem Bezirk?

  – Sind sie geblieben? Wenn nicht, warum zogen sie weiter?

  – War deine Stadt eine dauerhafte Bleibe für die Menschen?

– Gab es in der Stadt irgendwelche Aufstände oder Kriege?

- Warum kamen die ersten Einwohner überhaupt hierher?

  – Wer waren die Gründer der Stadt? Welche Visionen hatten sie?

  – Was weiß man über ihren Charakter?

  – Wohnen hier noch Nachkommen der ursprünglichen Einwohner?

  – Wie sah die Stadt damals aus?

  – Welche wichtigen Ereignisse fanden seit der Gründung statt?

  – Welche Rolle spielt deine Stadt in der Geschichte des Bundesstaats oder der Nation?

  – Hatte deine Stadt einen bestimmten Ruf? Hat sie noch einen?

RELIGION

- Wer führte das Christentum in deiner Stadt ein?
- Existiert das Christentum noch in deiner Umgebung?
- Wie sieht die religiöse Geschichte deiner Stadt aus?
- Welche anderen Religionen wurden früher praktiziert?
- Welche anderen Religionen werden heute noch praktiziert?

REGIERUNG

- Wer hat die Regierung der Stadt eingerichtet?

- Nach welchen Prinzipien wurde sie ursprünglich eingerichtet? Gelten sie immer noch?
- Wie wurden die Menschen angeführt? Wie ist das heute?
- Wie sieht die Regierung heute aus?
- Ist Korruption in Regierungskreisen ein Problem?
- Wenn ja, wie sieht diese Korruption aus?

DIE STADT

- Hat deine Stadt einen Leitsatz? Wenn ja, wer hat ihn bestimmt und warum?
- Hat deine Stadt einen „Kosenamen"? Wenn ja, was bedeutet er?
- Hat deine Stadt Partnerstädte in anderen Ländern?
- Wie sieht das Wirtschaftssystem deiner Stadt aus? Ist es gut oder schlecht?
- Gab es oder gibt es in deiner Stadt irgendwelche traumatischen Ereignisse?
  - Tragische Todesfälle?
  - Kriege?
  - Rassenkrawalle?
  - Verbrecherbanden?
  - Flüchtlingsprobleme?
  - Religiöse Spannungen?
  - Materielle Katastrophen?
  - Natürliche Katastrophen?

- Gab es wegen eines plötzlichen Reichtums Veränderungen in deiner Stadt? Wegen irgendwelcher plötzlichen Verluste?
- Gibt es in der Nähe deiner Stadt einen Militärstützpunkt?

Obwohl nicht alle diese Fragen deine Stadt betreffen, werden sie dir helfen, deine Stadtrecherche anzugehen, und hoffentlich dich auch anregen, andere Fragen zu stellen und zu recherchieren.

Wenn du entdeckst, dass etwas Negatives in deiner Stadt passiert ist – oder gerade passiert –, dann denke daran, dass du für das Positive betest. Proklamiere Gottes Plan über deine Stadt. Wir beten und proklamieren immer die Antwort, nie das Problem. Fange gleich an, über deine Stadt zu recherchieren. Du wirst erstaunt sein, welche verborgenen Schätze dir Gott offenbaren wird.

HILFSMITTEL 3

DIE SIEBEN BERGE

Als ich vor sieben Jahren damit begann, für meine Stadt zu beten, hatte ich noch nie davon gehört, dass man für die sieben Berge beten soll. Ich habe inzwischen einiges über die sieben Berge entdeckt und gelernt, wie man über sie beten kann.

1975 zeigte Gott einigen Männern eine sehr wichtige Blaupause. Bill Bright, der Gründer von Campus Crusade, traf sich zum Mittagessen mit Loren Cunningham, dem Gründer von Jugend mit einer Mission (JmeM). Bevor sie sich trafen, schenkte Gott beiden eine Botschaft, die sie jeweils dem anderen mitteilen sollten.

Kurze Zeit später zeigte Gott Francis Schaeffer, dem Gründer von L'Abri Fellowship in der Schweiz eine ähnliche Blaupause. Schaeffer wusste nichts von dem Treffen zwischen Bright und Cunningham. Zusammengefasst war die Botschaft, die jeder dieser drei Männer empfing, folgende: Wenn Christen eine Nation für Jesus Christus erreichen wollen, müssen sie in sieben Bereichen der Gesellschaft Einfluss nehmen. Diese Bereiche werden auch Sphären oder Berge genannt und sind: Wirtschaft, Regierung, Familie, Religion, Kunst / Medien, Bildung und Wissenschaft / Technologie.

Unsere Welt wird durch diese sieben Bereiche – durch diese sieben Berge – beeinflusst. Sie wirken sich auf die gesamte Gesellschaft aus. Viele Jahre lang war die Gemeinde Jesu so mit sich selbst beschäftigt, dass sie ihren eigentlichen Auftrag aus den Augen verlor:

> *So geht nun hin und macht zu Jüngern alle Völker, und tauft sie auf den Namen des Vaters und des Sohnes und des Heiligen Geistes.* (Mt 28,19)

> *Geht hin in alle Welt und verkündigt das Evangelium der ganzen Schöpfung!* (Mk 16,15)

Die Gemeinde hat bei der Entsendung von Missionaren in alle Welt wunderbare Arbeit geleistet, und sie hat eine gute Ernte eingebracht. Doch es gibt noch unzählige Menschen, die zu Christus geführt werden müssen.

Das Konzept der sieben Berge ist eine geniale Blaupause vom Herrn. Wir müssen nicht alle in der ganzen Welt herumreisen, um Menschen zu Christus zu führen. Wir können am Marktplatz – da, wo wir gerade sind – Einfluss nehmen, und daran Teil haben, die Welt zu Jesus hin zu verändern. Ein einflussreiches Vorstandsmitglied und ein Klempner können beide durch ihre Arbeit die Welt für Jesus transformieren.

Wir beten als prophetische Fürbitter in Bezug auf die Transformation unserer Stadt, dass Christen an ihren Arbeitsplätzen mehr Einfluss bekommen, damit sie die Liebe Gottes vom Himmel auf die Erde bringen können.

Wenn wir einen Gebetsspaziergang machen, zeigt uns der Herr einen oder mehrere der sieben Berge auf, für die wir beten sollen. Es ist sehr interessant, wie der Herr unsere Aufgaben zusammenfügt. Manchmal zeigt er uns, dass wir gerade in irgendeiner Form für die sieben Berge gebetet haben, z.B. wenn wir den siebten Schlüssel praktizieren und ihm danken.

Die Transformation dieser sieben Berge bzw. Bereiche wird eine stadtweite Transformation bewirken. Jeder Fürbitter in unserem Team macht sich einen der sieben Berge zu eigen und betet dafür zu Hause oder wenn er in der Stadt unterwegs ist.

DIE SIEBEN BERGE DER EINFLUSSNAHME

Regierung

Die Regierung ist die Organisation, die über uns regiert. Darin enthalten sind die Bereiche Politik, Gesetz, Gerichte, Steuer, Bürokratien, Gefängnisse und das Militär.

Religion

Die Religion umfasst Hunderte von diversen Glaubensrichtungen, Mentalitäten und Praktiken in Bezug auf ein höheres Wesen. Die christliche Gemeinde hat eine Verantwortung, zu erklären, wer Gott ist und was sein Sohn, Jesus, getan hat, um die Menschheit zu erretten.

Wirtschaft

Dieser Berg hat mit dem Vermögen der gesamten Gesellschaft zu tun, und wie damit umgegangen wird. Darin enthalten sind: Gewerbe, Finanzen, Kapitalismus, Sozialismus, Wohlstand und Armut.

Familie

Gesunde Familien sind die Grundlage unserer Gesellschaft. „Familie" beinhaltet: Familieneinheiten, Singlehaushalte, Senioren, Ehe, Scheidung, Waisen und Geschlechterfragen.

Kunst / Medien

Dieser Bereich hat etwas damit zu tun, wie wir mit unseren Gaben und Talenten unserer Kreativität Ausdruck verleihen, beispielsweise durch Malen, Schreiben, Musizieren, Darstellen, Tanzen und sportliche Aktivitäten.

Bildung

Darunter versteht man öffentliche und private Schulen, Berufsschulen, Sonderpädagogik, Universitäten, Lehrbücher und Alphabetisierung. Diese bestimmen, was heute und in künftigen Generationen gelehrt wird.

Wissenschaft / Technik

Der Berg der Wissenschaft und Technik beinhaltet neue Ideen und Erfindungen, sowie das Studium der physischen Welt inklusive praktische Anwendungen. Ein paar Beispiele sind Gesundheitswesen, Medizin, Computer, Innovation und Waffensysteme.

Welcher Berg der Gesellschaft liegt dir am Herzen? Wie kannst du für diesen Bereich in deiner Stadt Fürbitte tun? Bitte den Herrn, dir zu zeigen, was er in diesem Bereich tun will. Dann gehe mit ihm durch die Straßen und proklamiere die Transformation.

HILFSMITTEL 4

DEKLARATIONEN

Hier sind ein paar Beispiele von Deklarationen, die man allgemein und überall verwenden kann. Der Heilige Geist wird dir konkrete, maßgeschneiderte Deklarationen für deine Stadt schenken. Schreibe deine eigene, stadtspezifische Liste auf und ergänze sie, wie der Herr dich führt.

DEKLARATIONEN ÜBER DIE STADT

„ Ich deklariere, dass…“

- meine Stadt eine Stadt der Gerechtigkeit ist.
- meine Stadt wohlhabend ist.
- meine Stadt ohne Armut ist.
- meine Stadt die Gerechten zum Jubeln bringt.
- meine Stadt eine friedvolle Stadt ist.
- meine Stadt mit Freude überfließt.

- meine Stadt eine Stadt der Freiheit und Ungebundenheit ist.
- meine Stadt für ihre Liebe bekannt ist.
- •meine Stadt voll göttlicher Gerechtigkeit ist.
- meine Stadt transformiert wird.
- meine Stadt den Himmel auf Erden erlebt.
- meine Stadt Einheit unter den christlichen Gemeinden erlebt.
- meine Stadt jeden Tag neue Bekehrungen erlebt.
- meine Stadt Arbeitsplätze für jeden schafft.
- meine Stadt eine hochwertige Ausbildung für jeden anbietet.
- meine Stadt mit den Witwen und Waisen Mitgefühl hat.
- meine Stadt alle Bevölkerungsgruppen annimmt.
- •meine Stadt Gott anbetet.

DEKLARATIONEN ÜBER DIE FAMILIEN DEINER STADT

„Ich deklariere, dass…“

- die Familien meiner Stadt völlig wiederhergestellt sind.
- die Ehen in meiner Stadt wiederhergestellt sind.
- die Familien meiner Stadt in Liebe kommunizieren.

- sich die Familien meiner Stadt über zurückkehrende Kinder freuen.
- die Jugend in meiner Stadt in Reinheit lebt.
- die Familien meiner Stadt von jeglicher Sucht frei sind.
- die Familien meiner Stadt alle gute Arbeitsstellen haben.
- die Familien meiner Stadt Liebe, Freude und Frieden erfahren.
- die Familien meiner Stadt zusammen Spaß haben.
- die Familien meiner Stadt in göttlicher Gesundheit leben.
- die Familien meiner Stadt gemeinsam Gott anbeten.

DEKLARATIONEN „MIT EINEM WORT“

„Ich deklariere…“

- Liebe
- Einheit
- Freude
- Friede
- Freiheit
- Wohlstand
- Wiederherstellung

Jetzt bist du dran. Sprich diese mächtigen Proklamationen über deine Stadt aus. Füge dieser Liste weitere Proklamationen hinzu, so wie der Herr sie dir speziell für deine Stadt schenkt. Sei mutig. Rufe Dinge aus, die nicht sind, als wären sie wirklich da.

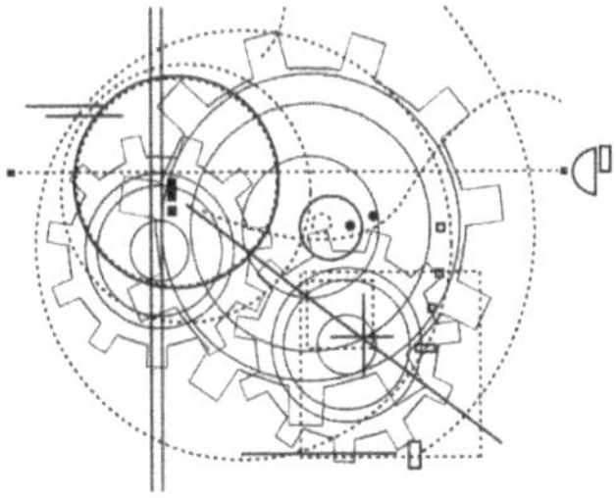

HILFSMITTEL 5

DEKLARATIONEN AUS GOTTES WORT

Das Wort Gottes baut unseren Glauben auf. Oft schenkt uns der Herr bestimmte Bibelverse, die wir über die Stadt beten sollen. Einige davon findest du weiter unten aufgeführt. Wo es passend ist, füge den Namen deiner Stadt ein. Wenn Gottes Wort in das Herz deiner Stadt hineingesprochen wird, verändert sich die geistliche Atmosphäre.

Hiob 22,28 – *Du wirst eine Sache proklamieren, und es wird für dich eingerichtet werden. Das Licht wird über deinen Weg strahlen (Übersetzung der englischen NASV-Version 1977).*

2. Chronik 7,14-15 – *Und mein Volk, über dem mein Name ausgerufen worden ist, demütigt sich, und sie beten und suchen mein Angesicht und kehren um von ihren bösen Wegen, so will ich es vom Himmel her hören*

und ihre Sünden vergeben und ihr Land heilen. So sollen nun meine Augen offen stehen und meine Ohren achten auf das Gebet an diesem Ort.

Psalm 87,3 – *Herrliches ist über dich verheißen, du Stadt Gottes! (Sela.)*

Psalm 147,14 – *Er gibt deinen Grenzen Frieden und sättigt dich mit dem besten Weizen.*

Sprüche 11,10-11 – *Wenn es den Gerechten wohlgeht, so freut sich die ganze Stadt, und wenn die Gottlosen umkommen, so jubelt man. Durch den Segen der Redlichen kommt eine Stadt empor, aber durch den Mund der Gottlosen wird sie niedergerissen.*

Sprüche 23,3-4 – *Durch Weisheit wird ein Haus gebaut, und durch Einsicht wird es fest gegründet; auch werden durch Erkenntnis seine Vorratskammern gefüllt mit allerlei kostbarem und lieblichem Gut.*

Prediger 9,14-15 – *Gegen eine kleine Stadt, in der wenig Männer waren, kam ein großer König und belagerte sie und baute große Belagerungstürme gegen sie. Da fand sich in derselben Stadt ein armer, aber weiser Mann, der rettete die Stadt durch seine Weisheit, und doch gedachte kein Mensch an diesen armen Mann.*

Matthäus 5,14 – *Ihr seid das Licht der Welt. Es kann eine Stadt, die auf einem Berg liegt, nicht verborgen bleiben.*

Apostelgeschichte 8,5-8 – *Und Philippus kam hinab in eine Stadt von Samaria und verkündigte ihnen Christus. Und die Volksmenge achtete einmütig auf das, was Philippus sagte, als sie zuhörten und die Zeichen sahen, die er tat. Denn aus vielen, die unreine Geister hatten, fuhren diese mit großem Geschrei aus; es wurden aber auch viele Gelähmte geheilt und solche, die nicht gehen konnten. Und es herrschte große Freude in jener Stadt.*

Hebräer 11,9-10 – *Durch Glauben hielt er sich in dem Land der Verheißung auf wie in einem fremden, und wohnte in Zelten mit Isaak und Jakob, den Miterben derselben Verheißung; denn er wartete auf die Stadt, welche die Grundfesten hat, deren Baumeister und Schöpfer Gott ist.*

Jesaja 54,17 – *Keiner Waffe, die gegen dich geschmiedet wird, soll es gelingen; und alle Zungen, die sich gegen dich vor Gericht erheben, sollst du schuldig sprechen. Das ist das Erbteil der Knechte des Herrn und ihre Gerechtigkeit, die ihnen von mir zuteilwird, spricht der Herr.*

Man muss nicht auf einen Gebetsspaziergang warten, um diese Bibelstellen anzuwenden. Gerade jetzt, genau da, wo du sitzt, kannst du diese biblischen Verheißungen über deine Stadt deklarieren. Dann schaue zu, wie sich deine Stadt verändert.

HILFSMITTEL 6

DIE NAMEN GOTTES

Die Namen Gottes über unsere Städte zu deklarieren, ist eine sehr machtvolle Handlung. Meine Teams und ich tun das manchmal, wenn der Herr uns so führt. Wenn wir zum Beispiel „Jahwe Shammah“ (der Herr ist hier) über die Stadt deklarieren, bestätigen wir seine Gegenwart in unserer Stadt. Gibt es etwas Besseres, als die Gegenwart Gottes in unseren Städten zu erleben?

Hebräischer Name	Bedeutung	Bibelstelle
Jahwe Elohim	Der ewige Schöpfer	1. Mo. 2,4-5
Jahwe Adonai	Gott, unser souveräner Meister	1. Mo. 15, 2.8
Jahwe Jireh	Der Herr versorgt	1 Mo. 22, 8-14
Jahwe Nissi	Der Herr, unser Kriegsbanner	2. Mo. 17,15
Jahwe Rapha	Der Herr, unser Heiler	2. Mo. 15,26
Jahwe Shalom	Der Herr, unser Fried	Ri. 6,24

Hebräischer Name	Bedeutung	Bibelstelle
Jahwe Tsidkenu	Der Herr unsere Gerechtigkeit	Jer. 22,6;33,16
Jahwe Mekaddish	Der Herr, der uns heiligt	1. Mo.31,13
Jahwe Saboath	Der Herr der Heerscharen	1. Sam. 1,3
Jahwe Shammah	Der Herr ist hier	Hes. 48,35
Jahwe Elyon	Der Herr, der Höchste	Ps 7, 18; 47,2
Jahwe Roi	Der Herr mein Hirte	Ps 23,1
Jahwe Eloheenu	Der Herr, unser Gott	Ps 95,7
Jahwe O'saynu	Der Herr, unser Schöpfer	Ps 95,6
Jahwe Eloheeka	Der Herr, unser Gott	2.Mo. 20,7
Jahwe Elohay	Der Herr, unser Gott	Hes 14,4[1]

Deklariere diese Namen Gottes über dich selbst und über deine Stadt. Wenn du diese Eigenschaften unseres allmächtigen Gottes aussprichst, wird das die Atmosphäre der Stadt verändern und zur Transformation führen. Das gilt für dich persönlich aber auch. Sprich diese Namen Gottes über dich selbst aus, und du wirst spannende Veränderungen in deinem Leben erfahren. Versuch's doch mal! Warte nicht, fange gleich an!

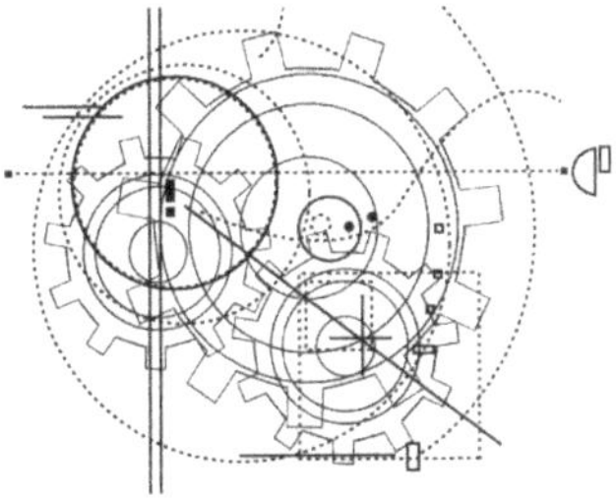

HILFSMITTEL 7

PROPHETISCHE SYMBOLE UND HANDLUNGEN

Die Bibel ist voll von Symbolen und von Geschichten über Propheten, die prophetische Handlungen durchgeführt haben. Wenn wir für uns selbst oder für unsere Stadt beten, kann es sein, dass der Herr uns führt, symbolische und prophetische Handlungen auszuführen.

GÄNGIGE SYMBOLE UND IHRE BEDEUTUNGEN

- Öl: der Heilige Geist, die Weihe
- Salz: Reinigung und Läuterung
- Münzen: Wechsel (wie in „Wechselgeld“)
- Streichhölzer: das Feuer Gottes
- Wasser: der Heilige Geist

- Schofar oder Trompete: der Ruf, zu Gott zu kommen und ihn anzubeten
- Schlüssel: Öffnen von Türen, Gelegenheiten usw.
- Perlen: großer Wert oder Betrag
- Brot und Wein: Abendmahl, Gemeinschaft

Natürlich beinhaltet diese Liste nur eine kleine Auswahl an Symbolen. Jedes beliebige Objekt kann etwas symbolisieren. Oft symbolisiert ein greifbarer Gegenstand etwas Ungreifbares.

PROPHETISCHE HANDLUNGEN

Wenn du Symbole mit Taten verbindest, führst du prophetischen Handlungen aus. Ich werde an dieser Stelle keine Formeln vorgeben, darum liste ich auch keine prophetischen Handlungen auf. Gott zeigt mir, welche prophetischen Handlungen ich ausführen soll. Ein paar solcher Handlungen habe ich bereits im Buch erwähnt, wie zum Beispiel, als wir die unsichtbaren Glocken im Garten hinter unserem Rathaus läuten ließen. Wenn Gott dir die Symbolik eines Gegenstandes zeigt, frag ihn, ob du mit dem Gegenstand vielleicht eine prophetische Handlung ausführen sollst. Mache einen Schritt aus deiner Komfortzone und schaue zu, wie der Herr durch deinen Gehorsam Transformation freisetzt.

HILFSMITTEL 8

FARBEN UND ZAHLEN

In der Bibel sind Farben und Zahlen sehr wichtig und werden sowohl wörtlich als auch symbolisch verwendet.

Wir Fürbitter sind dafür sensibel, was der Herr uns durch Farben und Zahlen sagen möchte. Wenn wir in der Vorbereitung auf unsere Gebetsspaziergänge Gott zuhören, zeigt er uns oft Farben und Zahlen. Wir passen dann genau auf, was er uns sagen will, und befolgen seine Anweisungen.

Es ist hilfreich, wenn man die biblischen Bedeutungen von Farben und Zahlen kennt. Als ich damals die rosafarbenen Bänder kaufte, wusste ich, dass eine der Bedeutungen der Farbe Rosa „Heilung" ist.

Wenn du dich tiefer mit den Bedeutungen von Farben und Zahlen und ihrem Stellenwert bei Gott beschäftigst, wirst du manche Überraschungen erleben. Es gibt viele Quellen, aus denen man ausführliche und historische Bedeutungen von Farben und Zahlen schöpfen kann. Meine Lieblingsbücher sind „The Symbolic Meanings of Colors" und „The Symbolic Meanings of Numbers", von Rose Crownover.

Die Autorin legt ihren Schwerpunkt auf das, was in der Bibel über Zahlen und Farben steht. Die Bücher sind relativ preiswert und sind mir eine große Hilfe. Ich nehme sie in meiner Tasche mit, wenn ich einen Gebetsspaziergang mache.

Hier ein Überblick der Grundbedeutungen von Farben.

GRUNDBEDEUTUNGEN VON FARBEN

- **Weiß:** Reinheit, Unschuld, Heiligkeit, Schuldlosigkeit, Gerechtigkeit
- **Rot:** Liebe, Feuer, Blut, Leben, Mut, Leidenschaft
- **Orange:** Ernte, Veränderung, Stärke, Ausdauer, Ehrgeiz
- **Gelb:** Freude, Glück, Freundschaft, Licht
- **Grün:** Wohlstand, Wachstum, neue Anfänge, Hoffnung, Heilung
- **Blau:** Himmel, Heiliger Geist, Treue, Gnade, Ruhe, Friede
- **Lila:** Vollmacht, Königtum, Fürbitte, Majestät, Königswürde
- **Braun:** Mitleid, Demut, Erde, Menschheit

- **Silbern:** Weisheit, Alter, Veredlungsprozess, Erlösung
- **Gold:** Gottes Herrlichkeit, Salböl, Reichtum, Wahrheit, Unvergänglichkeit

Ich will dir Mut machen, weitere mögliche Bedeutungen der verschiedenen Farben zu entdecken, denn Gott spricht häufig durch Farben.

Die folgenden Ausführungen über die symbolischen Bedeutungen der Farbe Rot sind dem Buch „Symbolic Meanings of Colors“ von Rose Crownover entnommen. Sie werden dir ein besseres Verständnis dafür geben, dass die wunderschönen, von Gott erfundenen Farben eine tiefere Bedeutung haben, als die meisten Menschen vermuten.

DIE FARBE ROT

- Das Blut Jesu, Heil, Erlösung, Leben, Feuer
- Inbrünstige Liebe, Mut, Kühnheit, Krieg

Verbindung zwischen der Farbe Rot und Blut

- Unsere stärkste, universelle Verbindung zu einer Farbe ist zunächst mal mit der Farbe Rot.
- In Lexika wird die Farbe Rot sofort mit Blut in Verbindung gebracht.
- Das hebräische Wort für „rot“, adom, hat den gleichen Ursprung wie das Wort für „Blut“, dam.
- Blut stellt das stärkste emotionale Bild dar.

- Rot ist die Farbe mit der stärksten emotionalen Auswirkung.
- In der Bibel symbolisiert die Farbe Rot das Blut Jesu.

Wegen der starken Verbindung zu Blut, repräsentiert die Farbe Rot auch andere Dinge, die mit Blut verbunden sind

- Die Farbe Rot symbolisiert das LEBEN. 3. Mose 17,14: *„Das Leben alles Fleisches ist sein Blut."*
- Die Farbe Rot spricht von OPFER. 2. Mose 20,24: Das Blut eines Tieres wurde als Opfergabe dargebracht. 1. Johannes 4,10: Jesu Blut wurde als Sühnopfer dargebracht.

Die Farbe Rot symbolisiert Erlösung

- Offenbarung 5,9: Wir sind durch das Blut Jesu erlöst.
- Josua 2,21 und 6,25: Das Leben der Hure Rahab wurde gerettet, weil sie eine rote Schnur ins Fenster knüpfte.
- 2. Mose 14,21-31: Die Kinder Israels überquerten das Rote Meer, als sie aus Ägypten flohen. Die Teilung des Roten Meeres rettete sie vor ihren ägyptischen Verfolgern.

Die Farbe Rot symbolisiert Sündenerlass, Vergebung und Reinigung

- Offenbarung 1,5: *„Ihm, der uns geliebt hat und uns von unseren Sünden gewaschen hat durch sein Blut…"*
- Offenbarung 7,14: *„Und sie haben ihre Kleider weiß gemacht in dem Blut des Lammes."*
- 1. Johannes 1,7: *„Und das Blut Jesu Christi, seines Sohnes, reinigt uns von aller Sünde."*

Rot ist die Farbe des Bundes

- Matthäus 26,28: *„Denn das ist mein Blut, das des neuen Bundes, das für viele vergossen wird zur Vergebung der Sünden."*
- Epheser 2,13: Wir sind Gott nahe gebracht worden durch das Blut des Christus.

Die Farbe Rot symbolisiert Mut und Kriegsführung

- Offenbarung 12,11: Wir überwinden Satan durch das Blut des Lammes.
- Nahum 2,4: Eine mächtige Armee wird hier beschrieben, deren Soldaten in rot gekleidet waren. Auch ihre Schilder waren rot gefärbt.
- Der Mut von Soldaten, ihr Blut im Krieg für ihr Vaterland zu vergießen
- Griechische und römische Soldaten trugen rote Mäntel und Schilder.

- Britische Soldaten, die bei der Amerikanischen Revolution gekämpft haben, trugen rote Waffenröcke und wurden deshalb „Rotröcke“ genannt.

Die Farbe Rot wird stark mit Feuer in Verbindung gebracht

- Rot ist die dominierende Farbe in Flammen.
- Das griechische Wort für „rot“ ist purrhos und heißt „feuerrot“.
- Matthäus 3,11: Er (Jesus) wird uns mit dem Heiligen Geist und Feuer taufen.
- 1. Thessalonicher 5,19: *Das Feuer des Geistes darf nicht ausgelöscht werden.*

Die Farbe Rot symbolisiert Eifer und Leidenschaft

- Jeremia 20,9: Jeremia sagte, dass Gottes Wort in seinem Herzen brannte, *„als wäre ein Feuer in meinen Gebeinen eingeschlossen.“*
- Hebräer 12,29: Gott ist ein verzehrendes Feuer.
- Im Hohelied wird Liebe mit Feuer verglichen.
- Hohelied 8,6: Die Glut der Liebe *„ist Feuerglut, eine Flamme des Herrn.“*
- Herzen sind rot.
- In China trägt eine Braut die Farbe Rot als Symbol der Freude und der Leidenschaft.

Die Farbe Rot symbolisiert Ehre und Macht

- Im Mittelalter durften nur Mitglieder des Königshauses rot oder Scharlachrot tragen. Besonders die Prinzessinnen trugen rot.
- Würdenträgern wird der rote Teppich ausgerollt.
- Eine rote Krawatte wird in der heutigen Unternehmenswelt als „Power Krawatte“ angesehen.

Die Farbe Rot heißt „HALT“

- Stoppschilder, Ampeln; Menschen werden durch die Farbe Rot alarmiert.
- **In christlichen Kreisen verbindet man die Farbe Rot mit Pfingsten, Liebe, Souveränität, Märtyrern und dem Heiligen Geist**
- In der katholischen Kirche dekoriert man die Altäre während des Pfingstfestes mit der Farbe Rot, um den Heiligen Geist zu symbolisieren.

Allgemeine Aspekte der Farbe Rot

- eine warme Farbe
- die Farbe, die am meisten Aufmerksamkeit erregt
- wird mit einer positiven Einstellung in Verbindung gebracht
- wird mit Aggression in Verbindung gebracht (man wird rot vor Wut)
- wird mit Leidenschaft, Aufregung und Hochgefühl in Verbindung gebracht

- Puls und Herzschlag werden erhöht, wenn man sich in einem roten Zimmer aufhält.
- Lieblingsfarbe vieler Frauen und Kindern
- die erste Farbe, die einen Namen bekam: Adam heißt „rötlich“

ZAHLEN

Zahlen sind genauso wichtig wie Farben, in der Bibel vielleicht sogar wichtiger. Hier sind einige der wichtigsten Bedeutungen von Zahlen.

Grundbedeutungen von Zahlen

- **Eins:** Einheit, Anfänge, Unteilbarkeit, Eins ist die Zahl Gottes
- **Zwei:** Jesus, Teilung, Beobachtung, Freundschaft, doppelte Portion
- **Drei:** Vater, Sohn, Heiliger Geist; Wiederherstellung, vollständig
- **Vier:** Gottes Schöpfung, die Erde, die Welt
- **Fünf:** Gnade, Gunst
- **Sechs:** der Mensch, die Arbeit
- **Sieben:** geistliche Vollkommenheit
- **Acht:** neue Anfänge, Wohlstand in Fülle
- **Neun:** Familie, Gericht
- **Zehn:** Läuterung, Prüfung, Erprobung
- **Zwölf:** Herrschaft, Vollmacht, göttliche Regierung

SYMBOLISCHE BEDEUTUNG DER ZAHL DREI

Die folgenden Ausführungen über die symbolischen Bedeutungen der Zahl Drei sind dem Buch „Symbolic Meanings of Numbers“ von Rose Crownover entnommen.

Drei

- Drei ist die Zahl der Gottheit, der Dreieinigkeit – Vater, Sohn und Heiliger Geist.
- *„So geht nun hin und macht zu Jüngern alle Völker, und tauft sie auf den Namen des Vaters und des Sohnes und des Heiligen Geistes“* (Mt 28,19).

Drei ist die Zahl der göttlichen Vollständigkeit

- Die vollständige Gottheit besteht aus drei Personen: dem Vater, dem Sohn und dem Heiligen Geist
- Aus der Geometrie wissen wir, dass drei Linien benötigt werden, um eine räumliche Ebene darzustellen. Drei Dimensionen (Länge, Breite, Höhe) gehören zu einer Masse oder einem Würfel. Außerdem beziffert man den Inhalt einer Masse oder eines Würfels mit der mathematischen Angabe Hoch-Drei (x3). Die Zahl Drei symbolisiert also alles, was Masse hat, real, erheblich und vollständig ist.
- Jesus beendete seinen Dienst auf Erden innerhalb von drei Jahren (Lk 13,7).

Drei Zeugen oder Aussagen werden benötigt

- Mindestens zwei Zeugen oder Aussagen werden benötigt. Drei sind noch besser.
- 5. Mose 19,15: *„Ein einzelner Zeuge soll nicht gegen jemand auftreten wegen irgendeiner Schuld oder wegen irgendeiner Sünde, mit der man sich versündigen kann; sondern auf der Aussage von zwei oder drei Zeugen soll jede Sache beruhen."*

Drei ist die Zahl der Wiederherstellung und der Auferstehung

- Lukas 24,46b: *„So steht es geschrieben, und so musste der Christus leiden und am dritten Tag aus den Toten auferstehen."*
- 1. Korinther 15,4: *„Und dass er begraben worden ist und dass er auferstanden ist am dritten Tag, nach den Schriften."*
- Hosea 6,2: *„Nach zwei Tagen wird er uns lebendig machen, am dritten Tag wird er uns aufrichten, dass wir vor ihm leben."*
- Matthäus 26,61b: *„Dieser hat gesagt: Ich kann den Tempel Gottes zerstören und ihn in drei Tagen aufbauen!"*
- Johannes 2,19.21 *„Jesus antwortete und sprach zu ihnen: Brecht diesen Tempel ab, und in drei Tagen will ich ihn aufrichten! Er aber redete von dem Tempel seines Leibes."*

- Matthäus 12,40: *„Denn gleichwie Jona drei Tage und drei Nächte im Bauch des Riesenfisches war, so wird der Sohn des Menschen drei Tage und drei Nächte im Schoß der Erde sein."*

Drei ist die Zahl der Stärke

- Prediger 4,12: *„Und wenn man den einen angreift, so können die beiden Widerstand leisten; und eine dreifache Schnur wird nicht so bald zerrissen."*
- Ein Hocker kann nicht auf einem Bein oder zwei Beinen stehen, aber ein dreibeiniger Hocker hat Gleichgewicht und steht fest.

Einige Dreiergruppen in der Bibel

- Drei in der Gottheit bzw. Dreieinigkeit: Vater, Sohn, Heiliger Geist (Mt 28,19)
- Drei Teile der Stiftshütte: der Vorhof, das Heilige, das Allerheiligste (2 Mo 26-36)
- Drei Edelmetalle der Stiftshütte: Bronze, Silber, Gold (2 Mo 25,3)
- Drei Farben der Stiftshütte: Rot, Blau, Purpur (2 Mo 25,4)
- Drei Feste: das Fest der ungesäuerten Brote (Passahfest), das Fest der Wochen (Pfingsten), das Fest der Laubhütten (5 Mo 16,16)
- Drei bleibende Tugenden: Glaube, Hoffnung und Liebe (1 Kor 13,13)

- Drei Facetten des Menschen: Leib, Seele und Geist (1 Thess 5,23)
- Drei Phasen der geistlichen Entwicklung: Kinder, junge Männer, Väter (1 Joh 2,12-14)
- Drei Geschenke an Jesus: Gold, Weihrauch, Myrrhe (Mt 2,11)
- Drei Geschenke an den verlorenen Sohn: Gewand, Sandalen und Ring (Lk 15,22)
- Drei Zeugen: das Wasser, der Geist und das Blut (1 Joh 5,8)
- Drei wichtige Dinge im Reich Gottes: Gerechtigkeit, Friede, Freude (Röm 14,17)
- Drei Himmelskörper: Sonne, Mond und Sterne (1 Kor 15,41)
- Drei Zeichen des Überflusses: Korn, Most, Öl (Jer 31,12)
- Jesus ist: der Weg, die Wahrheit und das Leben (Joh 14,6)
- Die Engel sprechen: *„Heilig, heilig, heilig“* (Jes 6,3)
- Drei Väter: Abraham, Isaak, Jakob (2 Mo 3,15)
- Drei Männer im Feuerofen: Sadrach, Mesach und Abednego (2 Mo 3,15)
- Drei Zeiten: Vergangenheit, Gegenwart, Zukunft (Offb 1,19)

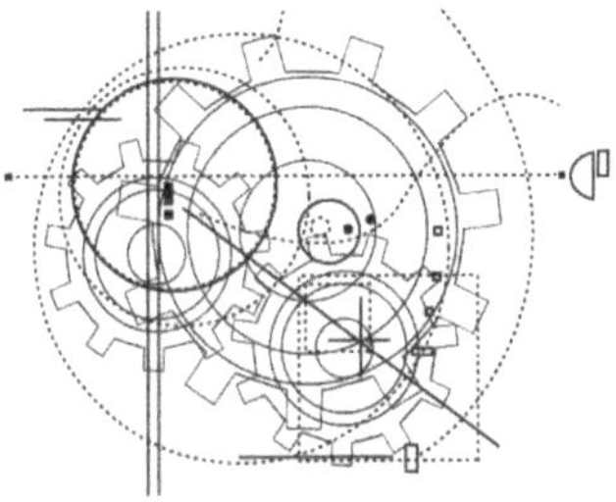

EIN SEGEN DER FARBEN

Unser Gott hat uns mit einer Welt voller wunderschöner Farben gesegnet. Farbe entsteht, wenn ein Gegenstand das Licht einer bestimmten Wellenlänge reflektiert. *„Gott ist Licht“* (1 Joh 1,5). Im Licht sind alle Farben enthalten, also sind alle Farben in Gott, denn er ist Licht. Jede Farbe repräsentiert einen Aspekt von Gottes Charakter.

In Jesu Namen segne ich dich mit jeder Farbe.

Sei gesegnet mit der Farbe Rot, mit der Opfergabe des Heilands und seinem reinigenden Blut. Die Farbe Rot bedeutet Liebe, Feuer, Mut und Kühnheit.

Dein Herz sei mit Liebe, Feuer und Leidenschaft gesegnet!

Sei gesegnet mit der Farbe Weiß. Du bist die heilige, reine Braut Christi. Die Farbe Weiß bedeutet Reinheit, Gerechtigkeit, Heiligkeit, reife Ernte und Kapitulation.

„Hebt eure Augen auf und seht die Felder an; sie sind schon weiß zur Ernte“ (Joh 4,35b).

Sei gesegnet mit der Farbe Rosa und neuem Leben, wie die Farbe eines neugeborenen Babys. Die Farbe Rosa bedeutet das Höchste und Beste, Heilung und neues Leben.

Rot – sein Blut – und Weiß – seine Reinheit – zusammengemischt werden sie zu Rosa. Heilung trägst du in deinen Händen.

Sei gesegnet mit der Farbe Gelb. Gottes Freude sprudelt in dir hoch. Gelb ist der Sonnenschein. Die Farbe Gelb bedeutet Glück, Wärme und Freude in Fülle. Lass seine Freude aus dir überfließen.

Sei gesegnet mit der Farbe Grün. Lass es dir wohlergehen und sei gesund, so wie es deiner Seele wohlgeht (3 Joh 2). Die Farbe Grün bedeutet Gesundheit, Wachstum, neues Leben, Wohlstand, Hoffnung, Friede, Sieg und Ruhe.

Möge Grün die grüne Weide sein, wo du dich hinlegen, ausruhen und seinen Frieden empfangen kannst.

Sei gesegnet mit der Farbe Blau. Der Heilige Geist strömt aus dir heraus wie Ströme des lebendigen Wassers. Die Farbe Blau bedeutet Himmel, Vollmacht, Integrität, Treue, Friede, Offenbarung und Gelassenheit.

Neue himmlische Offenbarungen durchfluten dich, je intimer du mit dem Heiligen Geist wirst.

Sei gesegnet mit der Farbe Purpur. Du bist in Purpur gekleidet. Du bist als Kronprinz oder Kronprinzessin gekrönt. Die Farbe Purpur bedeutet Königsherrschaft, Majestät, Königshaus, mit Christus regieren und Kreativität.

„Ihr aber seid ein auserwähltes Geschlecht, ein königliches Priestertum, ein heiliges Volk“ (1 Pe 2,9a). Deine Mitgliedschaft am Königshaus beeinflusst alle um dich herum.

Die Farbe Gold beinhaltet den größten Segen überhaupt: seine Herrlichkeit. Sie bedeutet auch Weisheit und Wahrheit. Verbringe Zeit in seiner Herrlichkeit und werde erfüllt mit Weisheit und Wahrheit.

In seiner Gegenwart sei von Herrlichkeit zu Herrlichkeit in sein Bild verwandelt!

Mary Lu Konkel

TEIL IV

ENDNOTEN

DIE PLÄNE DES
HIMMELS
FREISETZEN

ENDNOTEN

TEIL I: DER BEGINN EINER TRANSFORMATION

Kapitel 2: Fürbitte

1. Encarta World English Dictionary © 1999 Microsoft Corporation. All rights reserved. Developed for Microsoft by Bloomsbury Publishing Plc.

2. James Strong, Hebrew Dictionary Strong's Exhaustive Concordance of the Bible (Iowa Falls: Riverside Book and Bible House) 93.

3. Noah Webster, American Dictionary of the English Language (New York: S. Converse, 1828) 112.

4. Beni Johnson, The Happy Intercessor (Shippensburg, PA: Destiny Image Publishers, Inc., 2009) 187. Der glückliche Fürbitter, GloryWorld-Medien, 2012.

Kapitel 3: Das Prophetische

1. Strong 75.

2. Ibid. 62.

3. Webster 44.

4. James W. Goll, The Prophetic Intercessor (Grand Rapids: Chosen, 2007) 78.

Kapitel 4: Prophetische Fürbitte

1. Goll 146.

TEIL II : SIEBEN SCHLÜSSEL ZUR TRANSFORMATION

Schlüssel 2: Im Geist einnehmen

1. Encarta World English Dictionary.

Schlüssel 3: Seine Geschichte deiner Stadt

1. Obwohl ich verstehe, dass „Zion" sich in erster Linie auf die Stadt Davids bezieht, kann in der Bibel das Wort „Zion" allgemein für „Städte" verwendet werden.

Schlüssel 4: Blaupausen

1. Encarta World English Dictionary.

2. Ed Silvoso, Prayer Evangelism (Ventura, CA: Regal, 2000).

Schlüssel 6: Gebetsspaziergänge

1. Webster 48.

2. Ibid. 23.

3. Bill Johnson, „The Power To Bless," (Redding: Sound Wisdom, 10/09/11) CD.

4. Ibid.

5. Encarta World English Dictionary.

Schlüssel 7: Dankbarkeit

1. Strong 42.

TEIL III : HILFSMITTEL ZUR TRANSFORMATION

Hilfsmittel 1: Inspiration

1. Kris Vallotton, Heavy Rain: Reforming the Church to Transform the World (Ventura, CA: Regal, 2010). Wie im Himmel also auch auf Erden: Verändere die Welt in der du lebst, GrainPress Verlag, 2012.

Hilfsmittel 6: Die Namen Gottes

1. Finis Dake, Dake's Annotated Reference Bible (Lawrenceville: Dake Bible Sales, 1963) 53.

TEIL V

EMPFOHLENE RESSOURCEN

DIE PLÄNE DES
HIMMELS
FREISETZEN

EMPFOHLENE BÜCHER

Batterson, Mark: The Circle Maker: Praying Circles Around Your Biggest Dreams and Greatest Fears. Grand Rapids, Michigan: Zondervan, 2011. Kreiszieher, SCM R. Brockhaus, 6. Auflage 2016.

Crownover, Rose: The Symbolic Meanings of Colors. Grants Pass, OR: Self Published, 2004.

Crownover, Rose: The Symbolic Meanings of Numbers, Grants Pass, OR: Self Published, 2004.

Burk, Arthur: Relentless Generational Blessings. Anaheim, CA: Plumbline Ministries, 2008.

Dedmon, Kevin: The Ultimate Treasure Hunt: A Guide to Supernatural Evangelism Through Supernatural Encounters. Shippensburg, PA: Destiny Image Publishers, Inc., 2007. Schatzsuche im Erntefeld, Destiny Image Incorporated, 2008.

Enlow, Johnny: The Seven Mountain Mantle: Receiving the Joseph Anointing to Reform Nations. Lake Mary, FL: Creation House, A Strang Company, 2009.

Goll, James W.: Intercession: The Power and Passion to Shape History. Shippensburg, PA: Destiny Image Publishers, Inc., 2003.

Goll. James W.: The Prophetic Intercessor Releasing God's Purposes to Change Lives and Influence Nations. Grand Rapids: Chosen, 2007.

Hayford, Jack: Penetrating the Darkness. Grand Rapids: Chosen, 2011.

Jacobs, Cindy. The Voice of God. Ventura, CA: Regal Books, 1995.

Johnson, Beni. The Happy Intercessor. Shippensburg, PA: Destiny Image Publishers, Inc., 2009. Der glückliche Fürbitter, GloryWorld-Medien, 2. Auflage 2012.

Johnson, Bill: Release the Power of Jesus, Shippensburg, PA: Destiny Image Publishers, Inc., 2009.

Prince, Derek: Shaping History Through Prayer and Fasting, New Kensington, PA: Whitaker House, 2002. Die Waffe des Betens und Fastens, Internationaler Bibellehrdienst, 2001.

Otis Jr., George: Informed Intercession, Ventura, CA: Renew Books, 1999.

Overstreet, Chris: A Practical Guide to Evangelism-Supernaturally. Shippensburg, PA: Destiny Image Publishers, Inc., 2009. Übernatürlich evangelisieren: Ein Handbuch für die Praxis, GloryWorld-Medien, 1. Auflage 2013.

Silvoso, Ed: Prayer Evangelism: How to Change the Spiritual Climate Over Your Home, Neighborhood, and City. Ventura, CA. Regal Books, 2000.

Sheets, Dutch: Intercessory Prayer, Ventura, Ca. Regal Books, 1996. Fürbitter – die in den Riss treten, ASAPH Verlag, 1. Auflage 2000.

Thompson, Steve: You All May Prophesy. Wilkesboro, NC: Morningstar, 2005. Alle können prophetisch reden: Praktische Anweisungen zum prophetischen Dienen, Schleife, 2. Auflage 2000.

Vallotton, Kris: Basis Training für den prophetischen Dienst, Grain-Press Verlag

Vallotton, Kris: Wie im Himmel also auch auf Erden: Verändere die Welt in der du lebst, GrainPress Verlag, 2012.

EMPFOHLENE AUDIO UND VIDEO HILFSMITTEL

Audio

Burke, Arthur: The Redemptive Gifts of Cities, Anaheim, CA: Plumbline Ministries, 2004. CD.

Video

Otis Jr., George: Transformations, Linwood, WA: The Sentinel Group, 2002. DVD.

Otis Jr., George: Transformations II, Linwood, WA: The Sentinel Group, 2002. DVD.

Petrie, Alistair: Shout! For the Lord Has Given You the City. Kelowna, BC, Canada, Partnership Ministries, 2006. DVD.

DANKSAGUNG

Ben – mein Mann. Du bist mein guter Freund und Ermutiger. Danke, dass du mich seit 29 Jahren liebst. Ich liebe dich.

John und Natasha, Mary Terrell und Lance, Skip und Samantha – meine Kinder und ihre Ehegatten. Danke, dass ihr mich durch die Aufs und Abs des Familienlebens stets geliebt und geehrt habt. Ich liebe euch und bin so stolz auf euch und auf all das, was Gott in und durch euch getan hat. Ich bin gespannt zu sehen, wohin er euch noch führt.

Benny, Lance, Mary Taylor, Blake, Jaden, Jonathan, Kaleb, und die vielen, die noch kommen werden – meine Enkelkinder. Ihr seid meine Lebensfreude.

Bebe – meine geliebte Großmutter. Danke, dass du mich bedingungslos liebst. Danke auch für das Erbe des Schreibens, das du mir hinterlassen hast.

Beni Johnson – eine große Generalin der Fürbitte. Danke für das Beispiel, das du uns vorgelebt hast. Danke, dass du uns zu höheren Ebenen in der Fürbitte geführt hast. Danke, dass du alte Traditionen durchbrochen und uns eine neue Freude und Freiheit in der Fürbitte ermöglicht hast, die wir nie zuvor gekannt haben.

Marla – die Leiterin meines Fürbitteteams, das sich immer donnerstags trifft: Du bist eine wunderbare Lehrerin und ermutigst mich, immer wieder unerforschte Gebiete zu betreten. Es wird kein Gras unter meinen Füssen wachsen!

Deborah – Ich bin so dankbar, dass der Herr dich Teil meines Lebens sein lässt. Worte reichen nicht aus, um dir für alles, was du für mich getan hast, zu danken. Deine Integrität, Ehre und dein Leben haben mich angespornt, einen höheren Maßstab für mein Leben anzusetzen und ihn zu erreichen.

Mein Gebetsteam und die „Donnerstag"-Fürbitter – Ihr seid eine großartige Unterstützung, und eure Leidenschaft in der Fürbitte spornt mich an. Eure Liebe und Ermutigung helfen mir, noch tiefer mit Gott zu gehen.

Dann Farrelly – mein Lehrer für Bibelkunde und Predigtlehre auf der BSSM. Ich bin dir ewig dankbar für deine Lehre mit dem Titel „Deine Predigt leben, bevor du sie hältst". Das habe ich wörtlich verstanden und meine Predigt förmlich gegessen, getrunken, geträumt und ausgesprochen, bis sie Teil von mir wurde. Diese Predigt wurde zur Botschaft meines Lebens: „Der geheime Ort".

Sondra und Ruby – meine geistlichen Mütter. Danke dafür, dass ihr die rohen Entwürfe dieses Buches durchgesehen habt. Danke auch, dass ihr immer für mich da wart, wenn ich euch gebraucht habe. Ihr seid die Besten!

Anna und Pam – meine Herausgeber. Ohne euch hätte ich dieses Buch nicht fertig machen können. Ihr seid großartige und talentierte Herausgeber. Ihr habt meinen Herzschlag für dieses Buch gespürt. Eure Geduld und euer Verständnis haben mir das Selbstvertrauen gegeben, das Buch zu Ende zu bringen.

Ellyn – Du hast mich vom Manuskript bis zum fertig gedruckten Buch begleitet und warst für mich eine große Ermutigung und ein Lebensretter.

Vicki, meine ganz besondere Freundin. Danke, dass du den Abschnitt „Über die Autorin" geschrieben hast. Du hast wunderbar dargestellt, wer ich durch Gott bin.

ÜBER DIE AUTORIN

So lange sie sich erinnern kann, liebt es Mary Lu Konkel, Zeit mit Gott an ihrem geheimen Ort zu verbringen. Diese intimen Stunden mit ihrem Herrn haben sie angespornt, ihn und seine Wege besser kennenzulernen, damit sie ihre Rolle in seinem Reich mehr und mehr erkennt. Durch den Heiligen Geist geführt, begab sich Mary Lu auf eine Reise, die sie zunächst zusammen mit vier weiteren Fürbittern in einen kleinen Gebetsraum der 5.000-Mitglieder starken Gemeinde führte. Obwohl nur wenige aus der Gemeinde von der Existenz dieser Gebetsgruppe wussten, wurden ihre Gebete im Himmel zur Legende. Der Herr sah ihren Herzenswunsch und sandte einen angesehenen Propheten, der ihr sagte, sie sei eine „prophetische Fürbitterin“. Das Wort faszinierte Mary Lu, aber sie hatte keine Ahnung, was das bedeuten sollte. Dennoch wurde das Wort in ihrem Geist befestigt, und eine Erwartung wuchs schnell in ihrem Herzen heran.

Während sie auf Führung vom Herrn wartete, diente Mary Lu weiterhin in ihrer Gemeinde und als Lehrerin in einer Grundschule. Durch eine Abfolge von Ereignissen zogen sie und ihr Mann Ben bald von Florida nach

Kalifornien. Dort schrieben sie sich in der „Bethel School of Supernatural Ministry“ ein. Diese Schule ist Teil der Bethel Church in Redding, Kalifornien. Dort werden die Studenten geschult, ihre geistlichen Gaben auszuüben und somit das geistliche Klima um sie herum zur Ehre Gottes zu verändern.

Während ihrer Schulzeit erlebte Mary Lu eine Transformation ihrer persönlichen Identität, die so mächtig war, dass sie ihren Lebenslauf veränderte. Der Herr kombinierte ihre beiden Leidenschaften – Beten und Lehren – und machte daraus eine Blaupause für ihr Leben, die ihre Umgebung beeinflussen sollte. Die Zeit war gekommen, dass sie aus dem Hinterzimmer hervortritt und die Herrlichkeit Gottes auf den Straßen ihrer geliebten neuen Stadt und darüber hinaus groß macht.

Schnell öffnete Gott Möglichkeiten für sie, über prophetische Fürbitte zu unterrichten und darin zu dienen. Das macht sie heute noch. Außerdem leitet sie Fürbitter auf Konferenzen der Bethel Church an. Gleichzeitig entdeckte Mary Lu ihre Leidenschaft für die Transformation von Städten und wie man diese Transformation durch Gebetsspaziergänge vorantreiben kann. Sie bietet auf der Schule sogar einen Kurs an, bei dem die Teilnehmer praxisbezogene Erfahrungen erhalten.

Ihr enthusiastischer Lehrstil ist vollgespickt mit fesselnden Geschichten, welche die Studenten motivieren, die Prinzipien gleich in die Tat umzusetzen. Mary Lu ist immer bereit, den nächsten Auftrag vom Herrn zu empfangen und auszuführen. Sie ermutigt andere, dem Herrn am geheimen Ort zu begegnen, wo er ihnen die Blaupausen für die Transformation ihres Lebens und ihrer Stadt schenkt.

Mary Lu wohnt mit ihrem Mann, Ben, in Redding, Kalifornien. Beide dienen in der Bethel Church als Diakone.

Wenn du Mary Lu als Rednerin einladen möchtest, kannst du sie unter *www.heavensblueprint.com* erreichen.